定价指南

[德] 杨一安（Jan Y. Yang）著/译

THE PRICING COMPASS

Finding the Solution to Your Pricing Puzzle

机械工业出版社
CHINA MACHINE PRESS

图书在版编目（CIP）数据

定价指南 /（德）杨一安（Jan Y. Yang）著、译.
北京 ：机械工业出版社，2024. 10. -- ISBN 978-7-111-76119-8

Ⅰ. F274

中国国家版本馆 CIP 数据核字第 20244B1W09 号

机械工业出版社（北京市百万庄大街 22 号　邮政编码 100037）

策划编辑：刘　静　　　　责任编辑：刘　静

责任校对：郑　雪　张昕妍　　责任印制：任维东

北京瑞禾彩色印刷有限公司印刷

2024 年 10 月第 1 版第 1 次印刷

170mm × 230mm · 12.5 印张 · 1 插页 · 112 千字

标准书号：ISBN 978-7-111-76119-8

定价：69.00 元

电话服务　　　　　　　网络服务

客服电话：010-88361066　机　工　官　网：www.cmpbook.com

　　　　　010-88379833　机　工　官　博：weibo.com/cmp1952

　　　　　010-68326294　金　　书　　网：www.golden-book.com

封底无防伪标均为盗版　机工教育服务网：www.cmpedu.com

前　言

本书是一本面向产品经理和定价经理的定价战略和战术综合指南。它提供了定价成熟度评估的简便方法，探讨了定价失败和成功的原因，并系统地介绍了适用于企业不同发展阶段的定价方法。

本书涵盖了广泛的定价话题，从定义产品创新的起点、识别独特卖点、揭示客户支付意愿，到客户画像、促销优化，以及渠道价格管理等。此外，本书讨论了涨价技巧、价格战的危害、动态定价及行为定价与价值定价之间的辩证关系。同时，本书还阐述了价格弹性的概念以及如何应对复杂的定价情况。

读者可以在本书中找到有用的定价工具，如 KANO 模型、定价沙盘、ABCD 分析、系统化产品分类和优化促销三矩阵（即哪些客户适合促销、哪些产品适合促销、如何设计有效促销）等。本书通过介绍定价的不同方面及有效的策略，帮助各个阶段的企业都能自如地应对定价挑战，在当今竞争激烈的市场中立于不败之地。

每个定价难题都有解决方案！

目　录

第 1 章

定价非你所想

价格无处不在，但人们通常在迫不得已的时候才会考虑定价问题。产品经理和定价经理无疑是与定价问题亲密接触最多的人。

该如何定价呢？你或许听到过与以下说法类似的话：

“让我们来看看类似产品的定价。”

“我们要想赚钱的话，至少得收 250 元。”

“最接近我们解决方案的竞争对手的解决方案要价最少为 5 万元。我们定价 4 万元应该很有竞争力。”

“机场的店铺租金这么高，在机场卖的卡布奇诺咖啡的价格比其他地方高出40%也不足为奇。”

“今天天气可真热！冰柠檬水涨价20%销路应该也不赖吧。”

“我们的工厂已经在超负荷运转。我们应该至少涨价10%以上。”

“我也不知道应该如何定价。不如让我们先定100元，试试看效果如何吧。”

…………

这样的例子不胜枚举。我们从中可以发现定价方法的一个共性，即定价是基于某个参照物做出的决定。这个参照物可以是外部的，比如竞品价格、替代解决方案、地点、时间，也可以是内部的，比如制造成本或产能利用率。在找不到任何合适参照物的情况下，我们可以通过价格实验自己创造参照物，如“让我们先定价为100元试试看”。

诚然，给产品或服务定价并非什么高科技。困扰产品经理、企业家和其他定价相关人士的难题在于如何找到合适的价格。从定价顾问的角度来看，定价往往是一段没有预定路线图的旅程。我们或许可以凭运气到达目的地，但运气不好的时候，我们也有可能在定价之旅中误入歧途或举步维艰。回避不确定性是人类的天性。定价管理成功的关键在于在承担风险的同时尽量降低不确定性。因此，我们亟须一份定价指南。

1.1　价格与价值

一个常见的关于定价的认知误区是，定价的意思是“定一个价格”。首先，价格这个概念本身可能会令人产生误解。价格并非单一概念，价格是一个复杂的多维载体。细想之下，你会意识到价格受到众多要素影响：目录价格、促销、折扣、返点、特价活动、优惠券、附加费，甚至税费。客户最终支付的价格可能与目录价格大相径庭，个中差异取决于上述哪些要素发挥了作用，以及它们发挥了怎样的作用。

有鉴于此，价格要素决定了客户为换取他们想要获得的产品或服务而需要支付的对价。定价是一个确定价格要素的过程。这就是定价的全部了吗？非也。正如价格并非单一概念一样，我们对定价内涵的认知通常有偏差。我们通常只看到了定价中价格的一面，而忽略了定价的另一面——价值。

2000 年前的古罗马人所说的“Pretium”这个词有“价格”和“价值”两个意思（Simon，*Confessions of the Pricing Man*，2015）。无独有偶，“价格”和“价值”这两个中文词语的语义也惊人地相似。定价的真相其实一直都藏在我们的眼皮底下，而我们却不自知——所谓价格和价值有如“人”字的“双腿”，必须长短相同、相互支撑才好。定价必须依托价格和价值双核方能臻于圆满，缺一不可。

1.2 定价的道与术

定价的根本是解决价格问题。要想获得理想的价格，就必须深刻洞察客户价值，并相对于竞争对手可以更好地满足客户的需求。从这个意义上来看，定价既要有战略眼光（关于价值定位和创造的“道”），又要有战术眼光（关于价值挖掘的“术”）。

绝大部分我认识的老板和高管都倾向于认为定价是一个战术话题。换言之，在他们看来，定价是一项应该由中层管理者负责的职能任务。姑且不论对定价战略重要性的认知差异，事实上，那些声称定价是经营职能一部分的企业，大多数都没有专门的定价职能部门。这一现象在中小型企业中尤为突出，毕竟言行一致并非易事。这些企业的定价在战术层面的专业化程度不足，定价人员的专业素养和工具运用能力都有待提高，广泛宣传定价的战略重要性任重道远。我虽上下求索，但是去日苦多。

有些道理是在自己摔了跟头之后才会懂的。一家灌溉设备制造商的首席执行官与我分享了一个她亲身经历的故事。

我们公司设计、制造高端农业灌溉设备。大概是在两年前，竞争变得异常激烈。竞争对手来势汹汹，我觉得不反击不行了。于是，我决定产品全线降价 20%，但结果非常糟。时至今日，我依然时常后悔当初降价的决定。回头来看，当初是冲动了。

我们产品降价之后发生的事简直就是一场噩梦。最出乎我意料的一件事是我们工厂的员工在知道我们产品降价之后，大概是觉得这份工作不值得自己再那么努力，普遍出现了懈怠的情况，导致产品质量很快出现了问题。结果，销量没有拉起来，反而客户投诉有一大堆。这个草率的定价决策给我们带来了沉重的后果——客户不满意，员工不满意，公司声誉和利润都蒙受了重大损失；我们想要拉升销量的初衷完全没有实现。

接下来的两年里，我们一直在补课，想要消除降价带来的不利影响。老实说，降价带来的损害以当下的情况来看在一定程度上是不可逆的，尤其是我们公司的产品再也回不到当初的价格水平了。这一事件成了我们公司历史上的一道伤疤。我对自己说："假使时间可以倒流，我绝不会这么做了。"

虽然很遗憾，但是很多错误的定价决策实施之后，除了后悔并没有剩下什么。

1.3　定价成熟度评估

我们是否可以用一种简单易行的方法来判断一家公司是否擅长定价？答案是肯定的。一家公司的定价成熟度可以通过对若干指标的评估显露端倪。表 1-1 就是一个简化的定价成熟度自我评估表。感兴趣的读者可以自己对公司进行评估。

表 1-1　定价成熟度自我评估表

序号	以下表述是否符合贵公司的情况	符合（1）	部分符合（0）	不符（−1）
1	价格定位明确并与公司整体战略相符			
2	客户感知的价格形象符合公司的目标价格定位			
3	定价决策并非完全取决于成本或竞争对手的定价			
4	清楚了解客户的使用场景，并将其作为产品开发的基础			
5	充分了解价格（价值）驱动因素，并将其作为产品差异化的基础			
6	定期进行市场调研和数据分析以完成客户洞察			
7	管理层了解定价对公司财务状况的重要性			
8	使用价格弹性进行价格和财务测算			
9	针对可能出现的定价决策失误准备预案			
10	定期监测价格和定价措施执行情况，并视情况采取必要行动			
11	有清晰的定价流程，角色与职责分工明确			
12	在其他条件相同的情况下，销售和定价团队有动力争取更高的价格			

定价成熟度的计算方法如下：表 1-1 中各项权重相同，凡是情况符合的可得 1 分，部分符合的可得 0 分，不符的扣除 1 分，最终 12 项指标得到的总分代表贵公司的定价成熟度水平。定价成熟度评级参见表 1-2。经验表明，不同职能部门对公司

定价成熟度的评估结果可能大相径庭。这是由于视角和立场不同而带来的差异，属于正常情况。

表 1-2 定价成熟度评级

总分	等级	说明
>10	★★★★★	优秀
(8，10]	★★★★	良好
(6，8]	★★★	平均水平
(4，6]	★★	差
≤4	★	非常差

表 1-1 中对各项指标的描述大体上通俗易懂，不至于会有歧义。为了避免误解，我觉得还是有必要对“价格驱动因素”这一术语稍做说明。在本书中，“价格驱动因素”与“价值驱动因素”交互出现。鉴于价格和价值这两个概念密切相关，“价格驱动因素”和“价值驱动因素”这两者的意思和意义是相通的，在下面的例子中，我使用后者——价值驱动因素。

在某次定价培训的问答环节中，一位学员问如何能在激烈竞争的市场环境中定更高的价格。他所在的企业是一家专业环保设备制造商。

学员："我认为我们理应定比竞争对手更高的价格，因为我们提供的服务要好得多。"

我："这听上去有道理。能请你稍微详细地说明一下，应该如何理解你所说的'我们提供的服务要好得多'吗？"

这时，他开始语焉不详。过了一会儿，才有如下对话：

学员："我们售后服务团队的规模要比竞争对手的大得多。"

我："原来如此，不过这对客户来说有什么好处呢？另外，这种好处能够量化吗？"

学员："……"（此处省略500字。）

说实话，我不是很明白他在说什么。无奈之下，我补了一个对听者来说比较扎心的问题：

"售后服务人员这么多，是不是因为你们的产品质量有问题？"

我和他的对话又进行了几个回合，我得出的结论是售后服务团队的大小对客户的价值感知无足轻重。出于时间关系，我无法和他就这个话题做进一步探讨。我最后给他的建议是，重新考虑是否真的需要保留如此多的售后服务人员。如果市场竞争真如他所说的那么激烈，涨价或许有困难，但是通过精简售后服务团队和收缩服务范围，或许可以节省一些不必要的开支，这不失为提高利润的一个思路。

这个例子说到现在，我还没有提到价值驱动因素。是不是例子举错了？其实没有。现在让我们来讨论一下价值驱动因素。我是这么看这个话题的：产品经理设计产品就像是在搭积木。他们得按照包装盒里的产品说明书来选择正确的积木，按照正确的顺序组装，才能完成一个作品。每个客户或者每个客群心目中的理想产品都像是包装盒里的玩具。产品经理以拆盲盒的方式打开包装盒，依照自己的喜好去搭积木，期待产生一个好的、客户心目中理想的作品，这是在撞大运，是不专业的表现。一个称职的产品经理会设法通过蛛丝马迹，寻找打开包装盒的正确方式，找到那个包装盒里的产品说明书。产品说明书的基本内容由价值驱动因素构成，它告诉你客户心仪的产品究竟应该是什么样子的。

价值驱动因素决定了与产品相关的整个用户体验，因此并不局限于物理属性。专业环保设备制造商的例子里产品硬件是价值驱动因素的一部分，软件（包括服务）也是价值驱动因素的一部分，但是想当然地将售后服务提升到独特卖点的高度就未免过于乐观了。再举一个耐用消费品的例子：一台电动轿车的价值驱动因素可以包括品牌、续航里程、功率、外观、内饰设计、车内设备、信息娱乐系统、自动驾驶功能、客户服务与体验、保修等。请记住价值驱动因素，在后续章节中我们还会用到这一重要概念。

1.4 本章小结

- 价格并非单一概念，价格是一个复杂的多维载体。
- 定价必须依托价格和价值双核方能臻于圆满，缺一不可。
- 定价既要有战略眼光（关于价值定位和创造的“道”），又要有战术眼光（关于价值挖掘的“术”）。
- 一家公司的定价成熟度可以通过对若干指标的评估显露端倪。
- 经验表明，不同职能部门对公司定价成熟度的评估结果可能大相径庭。这是由于视角和立场不同而带来的差异，属于正常情况。
- 价值驱动因素决定了与产品相关的整个用户体验，因此并不局限于物理属性。

THE PRICING COMPASS

第2章 每个定价难题都有解决方案

定价是一个难题。许多企业在定价决策上苦苦挣扎，还有一些企业在没搞清楚该如何决策的情况下就试图去做一些事情，更多企业在错误的定价决策酿成苦果之后才开始反思自己的做法。在我们继续讨论之前，我们首先需要定义什么是定价失败。

定价失败：由于定价决策失误而导致经营结果（如收入、利润、市场份额）未达到预期效果。

2.1 定价失败四宗罪

与企业其他业务职能相比，定价有一项明显的劣势，即定价工作的结果受制于许多未知因素：

“我们的客户会有什么反应？”

“我们的竞争对手会如何应对？”

“我们的销售团队会做何反应？”

“明年我们的成本结构会发生怎样的变化？”

“未来 24 个月宏观经济走势将会如何？”

…………

产品经理和定价经理在定价中要应对这么多悬而未决的问题，可见这项工作的复杂性和不确定性有多高。因为定价牵涉的方面太多，所以我们在定价时需要格外小心。这世上没有包治百病的灵丹妙药。就像治疗所有的人类疾病一样，我们首先要找到病症的根源。根据我的观察，以下四宗罪将会导致定价失败。

1. 无知

症状：

- 企业内没有定价专职人员。

- “我们遵循市场价格定价。”
- “价格是由成本决定的。”

无知是因为定价不被理解或者被误解。管理者认为价格是由外力主导的，因此没有必要对价格进行管理。无知的管理者在定价时主要从两个方面入手。

第一个方面是外部的市场价格。市场价格是一个基本的经济概念，是市场上买卖双方认定的成交价格。它由产品的供需关系决定。简而言之，市场价格反映了客户的价格承受能力，反映了他们愿意为购买产品所支付的代价，市场价格的变化将增加或减少市场上同类产品的需求（Wallstreetmojo Team，2023）。市场价格的概念简洁明了，然而，与其他经济概念一样，我们在现实世界里运用这些概念时不能照本宣科，原因如下。

首先，市场价格是变化的。在完全竞争市场中，供求关系不断变化，市场价格随之随时会发生变化。我们很难将产品的价格和一个不断变化的东西挂钩。这样做不仅操作成本太高，还会给客户造成困惑。事实上，在不完全竞争市场中，每一家供应商的产品或者服务都或多或少具备其独特性，而这种独特性可以转化为其脱离市场价格的动力，构成自己的价格优势。

其次，在大多数情况下，我们会且仅会在大宗商品（如原油、橡胶、贵金属等）市场中发现典型的市场价格，毕竟同类等级的大宗商品之间的差异很小，并且通常作为生产原材料使用而非最终产品。对绝大多数行业的企业管理者来说，产品以及价格的大宗商品化——换言之，高度同质化——是一种经营失败。我们总是可以找到办法将产品或者服务与竞争对手进行区分，进行差异化竞争。一旦产品或者服务存在差异性，那么一个新的利基市场就诞生了，这个利基市场的市场价格应该由这个市场的缔造者决定。

第二个方面是内部的成本信息。事实上，成本加成定价法在许多公司中盛行，尤其是制造型企业。当企业成本信息一应俱全的时候，经验法则往往会盛行。所以我们常常会听到这样的说法：

“在高档成衣业，产品价格定为成本的 8 ～ 10 倍是通行的做法。”

“毛利率为 25% 是行业标准。”

“只要定的价格能够收回成本，我们就能赢利。”

成本加成定价法的流行是可以理解的。因为成本看上去触手可及，以成本为基础的定价感觉上更可信。然而，这只是假象，成本信息营造的安全感不是真实的。成本是事实，仅此而已。成本是定价决策的参照物，但无法解答产品经理或定价经理如何进行定价的困惑。成本加成定价法的核心挑战以及最大难点在于如何找到那个最优的加成率。成本加成定价法的支持者对此往往语焉不详，或者试图回避这方面的讨论。

2. 傲慢

症状：

- 企业内部有定价专职人员，但缺乏实质影响力。
- “我们熟知并掌握了所有的定价技巧。”
- “我们已经学习了市面上所有与定价相关的书。”

如果说无知意味着不知道自己不知道什么，那么傲慢则意味着不知道自己知道什么。在我看来，后者的危害性更大。

我觉得很难与傲慢的客户进行合作。他们往往声称企业内部有专人负责定价职能，并采用了行业的最佳实践。但在大多数情况下，定价职能往往远未发挥其应有的作用。

如前所述，定价是一项复杂而精密的工作。从这一点来说，定价与机械表检修颇有几分相似——为了使一块机械表保持正常工作，定期的维护和校准必不可少。类似地，定价能力的养成也并非意味着一劳永逸，“定价肌肉”需要定期训练，才能保持良好的状态。傲慢的态度使得定价能力的保质期注定短暂，随着时间的推移，一家傲慢的企业的定价能力一定会逐渐退化。如果有人声称自己的企业对定价了如指掌，所做的一切都是正确的，那很可能只是痴人说梦。

曾有一次，我与一名客户确认一项即将进行的市场调研时，聊到了联合分析法的运用。简而言之，联合分析法的工作原理是让调研受访者对不同的产品概念进行评分。当我们能够了解潜在客户如何看待产品的各项功能时，就可以利用这些洞察信息来优化产品设计和相应的定价策略（Stobierski，2020）。联合分析法是一个颇为复杂的定价分析方法，也是我最喜欢的定价专业话题之一，后文对此还有详述。通常，我很乐于和从业人士探讨与联合分析法相关的话题，然而，这次对话显然与我以往的经历不同。

与我进行对话的是一家蒸蒸日上的移动出行初创公司的首席营销官。他对我们建议采用的市场调研方法不感兴趣，并且断言他的团队已熟练掌握了我们使用的所有分析方法，其中包括联合分析法。英国谚语有云：你能把马牵到河边，但你不能强迫马饮水（You can lead a horse to water，but you can't make it drink)。换成好理解的说法，这句谚语大概是这个意思：你能为别人提供学习或做事情的机会，但是不能强迫他们接受或把握这个机会。这句谚语很好地描述了我当时的心情，只是于彼时我还不知道这颗“冉冉升起的新星”会在未来 24 个月内宣告破产。这大概是大多数傲慢者的宿命。

傲慢的另一种表现形式是对定价这门学问有莫名的自信。有一家市值高达数十亿美元的企业的首席执行官声称，企业的定价团队熟读市面上所有与定价相关的书，并且引以为傲。我在机缘巧合之下看到了这个定价团队的读书笔记。笔记内容包罗万象，涵盖各式各样经典的和新兴的定价框架，并包括一些我在其他书里提到的定价理念。笔记里收录的内容或许并非全部符合这家企业的实际需要，但我不得不佩服他们的勤勉和下的苦功夫。与此同时，我又不得不感叹光靠读书就想掌握定价这门学问，这也未免太小瞧我们这些定价顾问了。

后来，因为机缘巧合我结识了这家企业的定价主管。一次闲聊时，她向我透露了她的困惑：定价方面的书读得越多，她就越是无法认同首席执行官关于企业应该如何管理定价的想法。他们之间最近的一次对话大概是这样的：

定价主管："价值定价才是王道。你看，我们行业中的所有领先企业几乎都是采用了某种基于价值的定价方法。"

首席执行官："我同意。我觉得我们企业今后一定会采用价值定价法。这是大方向，不会变。不过，当下的时机可能不是很合适。我们这一代产品创新力不足，市场竞争又那么激烈。采用价值定价法还得从长计议。竞争导向定价法更符合我们目前的实际情况。"

定价主管："嗯……好吧。不过，与竞争对手的差价应该定在什么水平才合理呢？"

首席执行官："问得好！这正是你和你的团队需要解答的问题。"

定价主管："……我该从何下手？"

这位定价主管的沮丧溢于言表。我很同情她。读书破万卷，最后的结果还是抵不上首席执行官轻巧的一句不行。傲慢者心里自有答案，只可惜这答案往往不对。

3. 轻率

症状：

- 首席执行官兼任首席定价官。
- "价格定位符合我们的品牌定位。"
- "我们的合理价格应该（或许应该）低 10 元，或者高 10 元？"

如果你没有听说过首席定价官，那也不足为奇，毕竟首席定价官不常见。企业高管团队中极少设置专门负责定价的职位。关于定价组织的话题我们将在第 6 章中再展开讨论。现在，我们只需要知道，一家企业的首席执行官兼任首席定价官通常是件好事，这意味着企业管理者对定价的重要性有着充分认识。然而，硬币的另一面是定价有“搁浅”在战略层面之虞。

我们在第 1 章提到过定价的“道”与“术”。想要发挥价格管理的全部潜力，定价工作必须兼顾战略与战术。如果没能深入研究定价的细枝末节，势必影响定价策略的制定和实施效果。众所周知，一家企业的首席执行官的首要职责是在战略上引导企业的发展。这决定了首席执行官往往只能顾及定价的“道”而不是“术”。一旦首席执行官以为凭借大道就可以完全掌控定价，这家企业的定价离脱轨也就不远了。

管理层做出的诸如“**价格定位符合我们的品牌定位**”这样的表态是正确而重要的，这体现了定价在“道”层面的重要性和定性的一面。然而，定价这件事，不管是价格，还是价值，都是要形成闭环的，最终是要量化的。归根结底，定价需要确定一个数字。能够明确价格定位乃至价格区间是件好事。然而，正如上所述，定价这项任务至此尚未完成。

有一次某化妆品公司的首席执行官兴致勃勃地向我介绍他最近在公司里采用的定价方法 2.0。他的公司过往一直采用以成本加成为主的定价方法。在此前的一次交流中，我向他说明了成本加成定价法的弊端，并就他的公司如何做出更好的定价决策交换了一些看法。显然，他把我的建议放在了心上。顺便说一句，他是公司的无冕首席定价官。公司的管理执行委员会上会讨论与定价相关的话题，但是最终的产品定价决策都是由首席执行官亲自拍板的。那么现在让我们一起来看一下他引以为豪的定价方法 2.0 究竟有何独到之处。他首先抛出一个大前提：公司的拳头产品在国内护肤品这个细分市场里处于头部，不管是产品功效还是品牌影响力都可以与知名的进口品牌相媲美。所以按照价值定价法的逻辑，公司的产品在理论上是应该可以和知名的进口品牌处于同一个价格档次的。他颇为乐观地说道：

“我们即将推出的新一代产品中的一种有效成分的含量是法国某知名品牌同类产品的四倍。此前，我们其实已经决定将零售价定为 498 元，虽然还是低于对标的法国某知名品牌，但是已经可以帮助我们实现不错的利润率。整个管理团队包括董事会对这个价格的接受程度都比较高。”

我本想问他“不错的利润率”是多少，但想了想还是忍住没有打断他。他接着说：

“但在那天我俩交流之后，我意识到我们的零售价很可能定低了。之后，我设法说服了管理团队和董事会，在最后一刻将新产品的零售价提到了 598 元。这个价格甚至比法国竞争对手的同类产品价格还要高一些！这样大胆的定价策略在我们公司的历史上是史无前例的。董事会对此颇有质疑，担心我们的品牌能否撑得起这样的溢价。当然，他们更担心销量和市场份额问题。

“到今天为止，新产品上市已经有几个月了。各个渠道的销售报告如期而至，我们对结果非常满意。多亏了你的建议，我们的利润至少增加了 500 万元！”

这真是个振奋人心的好消息！我不禁对他接受建议的开放心态和强大的行动力刮目相看。暗地里，我也默默希望要是能在经济上分享他成功的喜悦就更好了。玩笑归玩笑，我还是很高兴他采纳了我的间接建议。另外，我也不敢将功劳占为己有。毕竟我从来没有直接提出建议他把新产品的零售价调高 100 元。调价是他自己的判断，在没有掌握更多信息和进行更深入的分析之前，我也没法给他这么具体的定价建议。这大概是我的职业病使然。

在分享他的喜悦之余，一方面，我可以理解他为不影响既定的产品上市计划而不得不快速行动；另一方面，我揣测他的定价方法 2.0 日后恐怕也不会包含更多量化分析的成分。我其实有试图敦促他往更量化的方向思考——新产品的这种有效成分的加持对消费者来说到底意味着什么，会为他们带来多大的价值？由此确定的相对于竞品的产品附加值将决定新产品的合理“溢价”。公司或许本可以多赚 1000 万元，而不是 500 万元。不过当日在离开他的办公室的时候，我自认为他应该并没有听进去我这番苦口婆心的关于量化价值的话。他似乎还完全沉浸于 500 万元的定价惊喜里。行百里者半九十，可惜了。

4. 踌躇

症状：

- 没人做主，没人愿意做主。
- “要是竞争对手效仿怎么办？”
- “如果我们没达成销售目标该怎么办？”

计划是银，行动是金。再好的定价决策，一日不付诸实施，就一日只是纸上谈兵，空谈无益。由此定价的最后一宗罪是踌躇不决、优柔寡断。

有些人一旦下定决心，就会立即行动。我打心眼里喜欢行动的巨人。定价顾问或任何类型的咨询顾问在分析事实的基础上提出建议，是赋能者；好的客户是行动者，是他们使得建议成为现实。上文提到的那位化妆品公司的首席执行官就是这样的行动者。如果没有行动者的及时行动，咨询顾问的工作就没有价值，咨询顾问也就失去了价值。

一家 SaaS[㊀]公司的首席执行官也曾给我留下了非常深刻的印象。当年我们正在为他的公司执行一个关于产品价格优化的咨询项目。作为首席执行官的他是该项目的主要发起人。在中期报告宣讲会中，我们指出了一些由于历史遗留问题导致的定价漏洞和利润损失。那次会议进行得很顺利。每个与会者都面带笑容离开了会议室。

次日，我与这位首席执行官在公司办公室的走廊上相遇。在寒暄了几句之后，他在不经意间提起他昨天已经指示 IT 部门采取措施，解决我们发现的那些定价问题。在我们谈话的当下，那些定价漏洞已经被堵上了。这完全出乎我的意料。要知道，在一般情况下，我们在咨询项目中提出的建议最快也要在整个项目将近结束时才会被安排实施。

我脱口而出，问了一个他可能觉得有些蠢的问题："你真的已经这么干了？"

首席执行官："对啊！为什么不呢？我觉得你们的分析有道理。同时，你们的分析也指出了价格调整的潜在风险是有限的。既然如此，我觉得没有什么拖延实施的理由。"

我在心中默念："干得好……"

㊀ 软件即服务，它是一种软件交付模式，允许用户通过互联网访问和使用应用程序，而无须购买、安装和维护软件本身。SaaS 的广泛应用已经改变了传统软件交付的方式，并且成为许多企业和个人使用软件的首选方式。SaaS 的优点包括灵活、可扩展、易于使用和成本低等。

很多企业管理者在进行价格调整前都会缩手缩脚。事实上，价格调整总是会伴随一定的风险——客户会投诉并用脚投票，竞争对手可能趁机夺取市场份额，等等。然而，在绝大多数情况下，我们都可以对定价措施可能带来的风险和回报进行一定的测算。业界领先的公司在价格调整前通常都会进行类似的情境分析。如果分析结果显示价格调整的收益大于风险，那么进行价格调整就是顺理成章的事情。定价措施的时间价值（见图 2-1）不容忽视，却常常被忽视。

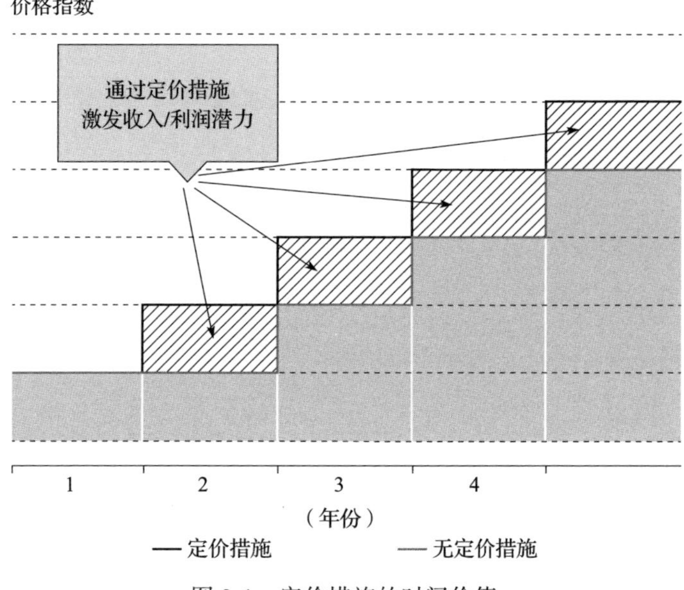

图 2-1 定价措施的时间价值

定价措施的时间窗口来来去去，每次仅作短暂停留。除非你的企业拥有定价的超能力，否则你有且仅有两个合适的时机实施定价措施：第一个是当新产品刚上市时；第二个是当出现新变化时——这可能是自己的产品升级、竞争对手的产品调整，或者客户情况的变化等。不管是在哪种情况下，时间都是宝贵的财富。一旦踌躇，错过了定价措施的时间窗口，相应的收入 / 利润潜力将永远失去，只剩下遗憾。最后一宗罪“踌躇”的治疗方法显而易见：按照数据行事，而不是按照心意行事——数据是不会撒谎的。没有风险就没有回报。我们应该做的是在控制风险的情况下最大化回报。风险总是存在的，但是如果只看不做，就永远也不会有回报。

至此，我们已经介绍了导致定价失败的四宗罪。它们分别是无知、傲慢、轻率和踌躇。我无法断言哪一宗罪是最糟糕的。企业不管犯了哪一宗罪都不会好过。那作为失败的反面，卓越定价应该具备什么样的特征呢？

2.2　卓越定价的征兆

卓越定价有以下四个共性。

1. 高层重视

我们常常说定价应该是董事会关心的话题。只有最高管理层了解定价对企业经营的战略重要性，相关团队才会真正认真对待价格管理。最高管理层应当熟悉、掌握定价与企业经营状况之间的关联。我见过的优秀领导者可以毫不含糊地用数据说话。他们能立刻告诉你，价格上涨或下降 10% 会对企业的业绩产生怎样的影响。能用数据说话正是我们所需要的定价领导力的重要基础。

2. 团队合作

定价这件事牵扯到企业的方方面面，定价工作需要团队协作才能完成。来自各个部门的不同视角和专业知识都有助于消除定价中的盲点。为了使最高管理层能进行明智的定价决策，定价团队必须为他们提供充分的数据和见解，也就是所谓的营销事实（Marketing Facts）。

营销事实包括两个方面。内部的营销事实包括产品规格、价格历史、成本信息、销售目标等；外部的营销事实包括主要竞争对手的产品特点、成本、定价和销售策略信息，以及对客户偏好和购买行为等方面的洞察等。定价团队必须通过多个渠道才能搜集齐上述所有信息，特别是在刚开始时，这个过程会十分耗时，但信息搜集是定价专业化的关键基石，值得投入时间和精力去理顺流程。由于信息搜集难免要借助企业其他部门同事的力量才能够完成，定价团队负责人必须很擅长交际。否则，定价工作将很难展开。

3. 细致彻底

如前所述，卓越定价需要以营销事实为基础。信息就是力量。你掌握的信息越充分，就越有可能做出明智的决策。如果定价经理可以从各种渠道获取数据，获得更多的参考点进行交叉验证，定价决策的质量就能够得到大幅提高。经验丰富的定价经理在充分考虑营销事实之外，还会积极地了解和管理内外部利益相关者的期望。成熟的定价团队甚至会更进一步，借助市场模型模拟不同定价方案的效果，以便更好地应对可能出现的情况，做到有备无患。

4. 持续学习

定价是一项复杂的工作。这项工作的专业化在过去几十年间已经取得了长足的进步，但还远未达到成熟的程度。不同地区、不同行业、不同企业的定价专业化程度差异都很大。另外，不管是从市场还是从技术的角度来看，定价团队都要面对日新月异的变化，只有持续学习才能够跟上最新趋势。

从市场角度来看，商业环境的数字化进程一日千里，线上线下销售渠道的融合已经势不可挡；随着产品选择的增多和消费者见识的增长，消费者心理变得越来越难以捉摸；竞争对手的经营专业化程度也越来越高，特别是营销手段层出不穷。所有以上这些趋势都给定价带来了挑战，定价团队需要保持好奇心和饥饿感，不断更新技能，才能不被时代的洪流淹没。

从技术角度来看，技术进步正在创造越来越多新的可能性。近年来，人工智能（AI）、神经科学和复杂的高阶调研方法等先进技术已经被逐级运用于定价领域。得益于新技术的出现，现在有成千上万种方法可以帮助我们做出更好的定价决策。想象力是唯一的限制。

在过往的几年中，我见过总共仅有 10 名员工的初创公司使用内部开发的商业智能（BI）和定价软件来管理产品价格。我也见过《财富》世界 500 强公司总部多达 20 余人的定价团队在进行定价分析和决策时，完全依赖于 Excel（很多情况下，团队成员使用的还是不同版本的 Office 办公软件），令人尴尬的是许多数据是在离线情况下计算出来再输入 Excel 的——这意味着他们没有将 Excel 用于数据分析，而只是当作文档处理工具。

重要的话值得说三遍：一个称职的定价团队必须保持开放的心态，不断精进，才能胜任定价这项工作。

2.3　定价指南指什么

我写本书的初衷是希望能为产品经理和定价经理在他们的定价工作中提供实际的帮助。因此，本书并不是一本充斥着概念和理论知识的定价教科书。相反地，我希望为产品经理和定价经理在定价实务中提供一些实际的帮助，为他们解答一些具体的问题。在接下来的章节中，我将分享真实故事、最佳实践、实用工具，以及一些我个人的思考（或者说反思）。

不可否认的是，不同行业面临的定价挑战不尽相同。在本书短短的篇幅内厘清所有行业间的差异显然不现实。尽管如此，我在行文中还是注意尽量兼顾企业对消费者（B2C）和企业对企业（B2B）行业中常见的定价挑战。大部分定价挑战尽管从表面上看可能有所不同，但在本质上仍然受一样的定价原则制约。

但凡对定价有一定了解的读者都知道，常见的定价方法有三种，我在前文中其实也已经提及过，它们分别是：成本加成定价法、竞争导向定价法以及价值定价法。然而，我有意在本书中回避使用这种分类方法。原因很简单：在实践中，没有人会仅仅依赖于一种方法，我已在 2.2 节中解释了原因，在后续章节中我们还会涉及这个话题。

本书接下来章节的编排如下。读者可根据自己的情况和兴趣直接翻到相应章节进行阅读。

第 3 章关注定价的从“0”到“1”。这一章对试图在市场上站稳脚跟的初创公司或即将推出新产品的成熟公司来说关系最为紧密。

第 4 章讨论公司在成功渡过初创期、客户需求开始多样化之后面临的定价问题。在这个阶段，定价的复杂性随着业务增长同步放大。

第 5 章分析成熟公司的价格管理细节，包括定价复杂性管理、促销、分销定价、价格维护、价格战、动态定价，最后我们将介绍行为心理学在定价实务中的运用。

第 6 章揭示定价之旅幕后的故事，带领读者乘坐时光机踏上定价之旅。我们将回顾定价之旅的几个关键里程碑，探讨定价相关人士角色和责任的演变历程。

2.4　本章小结

- 与企业其他业务职能相比，定价有一项明显的劣势，即定价工作的结果受制于许多未知因素。
- 以下四宗罪将会导致定价失败。
  - ✓ 无知

    管理者认为价格是由外力主导的，因此没有必要对价格进行管理。无知的管理者在定价时主要从市场价格和成本信息两方面入手。
  - ✓ 傲慢

    定价能力的养成也并非意味着一劳永逸，“定价肌肉”需要定期训练，才能保持良好的状态。傲慢的态度使得定价能力的保质期注定短暂，随着时间的推移，一家傲慢的企业的定价能力一定会逐渐退化。
  - ✓ 轻率

    一家企业的首席执行官的首要职责是在战略上引导企业的发展。这决定了首席执行官往往只能顾及定价的“道”而不是“术”。一旦首席执行官以为凭借大道就可以完全掌控定价，这家企业的定价离脱轨也就不远了。
  - ✓ 踌躇

    计划是银，行动是金。再好的定价决策，一日不付诸实施，就一日只是纸上谈兵，空谈无益。一旦踌躇，错过了定价措施的时间窗口，相应的收入 / 利润潜力将永远失去，只剩下遗憾。

- 卓越定价有以下四个共性：
  - √ 高层重视
  - √ 团队合作
  - √ 细致彻底
  - √ 持续学习

THE PRICING COMPASS

第 3 章

从零开始

3.1 定价起点

彼得·德鲁克（Peter Drucker）有一句广为流传的管理箴言（Hoover，2022）：

“企业的目的只有一个：创造客户。”

杰夫·贝佐斯（Jeff Bezos）在 2017 年致亚马逊股东的信中分析了客户的期望值会不断提高的根本原因。他写道（Slater，2023）：“我喜欢客户的一点是，他们总是不满足……他们总是贪婪地期待会有更好的事情发生。昨天还是‘意外惊喜’，到了今天就会‘习以为常’。”

德鲁克是管理学家，贝佐斯是企业家。他们两人都将客户放在重要位置。我们可以从他们身上学到什么？

- 客户至关重要
- 客户极难取悦

我们由此可以推导出以下结论：企业的持久成功是建立在不断为客户创造惊喜的基础上的。然而，这并不意味着企业要不惜一切代价满足客户的所有要求。赫尔曼·西蒙（Hermann Simon）在《真正的利润》(*True Profit!*，2021）中写道：

“利润是企业生存的成本，也是新价值的创造源泉。”

在西蒙看来，只有赢利的企业才能完成企业的使命。换言之，价值创造必须得到相应的回报，才能持续为企业创新提供充足的资金支持。赢利是所有伟大创新在从理念转变为现实时都必须面对的考验。曾几何时，创投界衡量初创企业成功前景的普遍标准是所谓的产品 – 市场契合度。用通俗易懂的话来说就是初创企业开发的产品应该能够填补某项市场空白。产品 – 市场契合度如图 3-1 所示。

这里有一个小问题：产品 – 市场契合度高并非赢利的保证。从商业角度来看，只有在获得充足回报的前提下填补市场

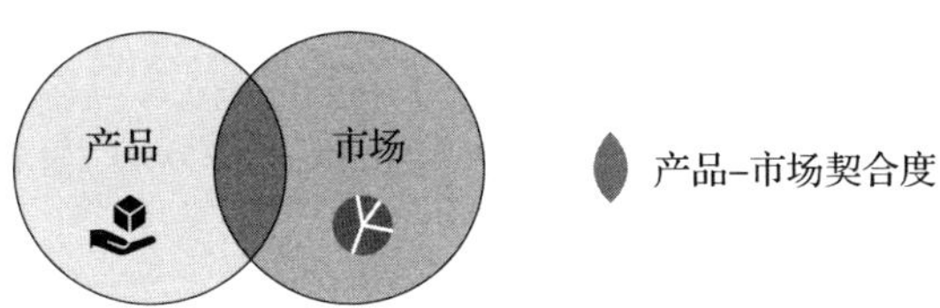

图 3-1　产品 – 市场契合度

空白才有意义，而能否获得充足回报取决于新产品的独特性。独特性可以通过两种方式实现：第一种是新产品解决了别人无法解决的问题；第二种是新产品可以用比现有产品更经济的方式解决问题。衡量产品与市场是否真正契合的最终标准是价格。因此，只有当产品、市场、价格三者相匹配时，产品与市场契合才有意义。产品 – 市场 – 价格契合度如图 3-2 所示。

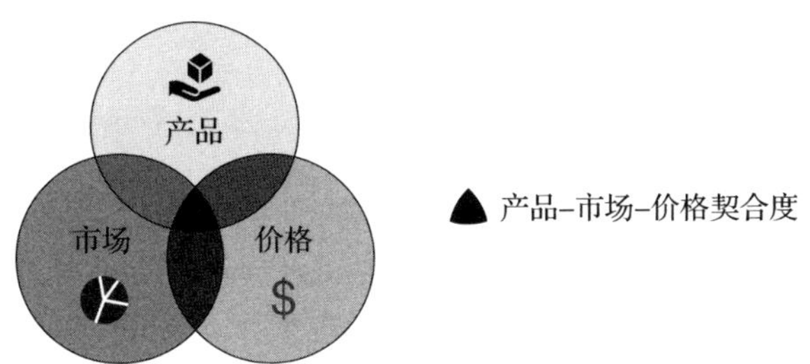

图 3-2　产品 – 市场 – 价格契合度

产品 – 市场契合度对初创企业和投资人来说是一个甜蜜而诱人的陷阱。只是如果没有客户的支付意愿做背书，一切都是空中楼阁。以产品 – 市场契合度为引导而忽略价格，很可能会导致客户不满和投资打水漂，加入价格这一关键要素至关重要——客户的支付意愿决定了一家初创企业可以走多远。企业的收益（价值）必须至少与客户的牺牲（价格）相当才有可能构建持久稳定的关系。任何新产品的理想出发点是客户（需求）。更准确地说，产品经理必须清醒地认识到他们是在为客户解决什么问题而努力——无论是颠覆性的（全新产品），还是渐进性的（成本效益更优的解决方案）。

新产品开发始于客户，也终于客户，构成了一个闭环。创新成功与否取决于客户愿意为它付出多少代价。没有人会买或人们买不起的创新是失败的，是白白浪费资源。当发现创新产品与客户认同的价值或价格不匹配时，产品经理应该有果断叫停的觉悟和重新开始的勇气。总之，以客户为中心的经营理念对企业的存续起着关键作用。初创企业的定价之旅始于帮助客户满足他们的需求。客户认同的最终标准是价格，支付意愿的高度决定了定价之旅的长度。

发现客户需求并以此为起点开发相应的解决方案是一种理想状态。有时候，产品经理可能会先有一个很酷的点子，再带着这个点子去寻找目标客户群，并测试客户的使用场景和价值认知。这也未尝不可，但他们应当尽快锁定原点客户，检验产品－市场－价格契合度。我们应当对客户保持尊重并有清醒的认知：客户或许喜欢谈论价值，但只有价值照在他们心里的影子才反映了他们真实的想法。那个价值影子的名字叫作价格。

3.2　发现独特卖点

独特卖点（Unique Selling Point，USP）听上去很厉害，但有多少独特卖点是真正独一无二的？在很多时候，产品独特性在缺乏实证的情况下沦为市场营销的噱头。验证独特卖点的真伪最直接简单的办法就是用客户的支付意愿做标尺。如果客户愿意为某个产品支付溢价，那就说明这个产品的独特卖点是真实存在的。

在展开讨论关于发掘支付意愿的方法之前，让我们先重温一下独特卖点的定义。独特卖点有时也被称作独特销售主张（Unique Selling Proposition），是一种反映产品或品牌与竞争对手差异化的营销声明。独特卖点自带一种最高级（Superlative）的特质，可以是最低的成本、最高的质量、最难忘的体验、同类产品中的第一，或者其他可以使产品在竞争中脱颖而出的特征。简单来说，独特卖点可以被视为一种“你拥有的而竞争对手无法提供的东西”（Sheldon，2022）。

独特卖点不会凭空出现。虽然独特卖点通常被视作营销声明，但这只是表象。独特卖点需要被发现、被设计然后被实现，最后才被提炼为一个营销声明。因此，产品经理应该主导新产品独特卖点的确定。在这个过程中，我们可以借助KANO模型。日本学者狩野纪昭（Noriaki Kano）在20世纪80年代提出了KANO模型。这是一个对用户需求进行分类和优先排序的实用工具。图 3-3 展示了 KANO模型。

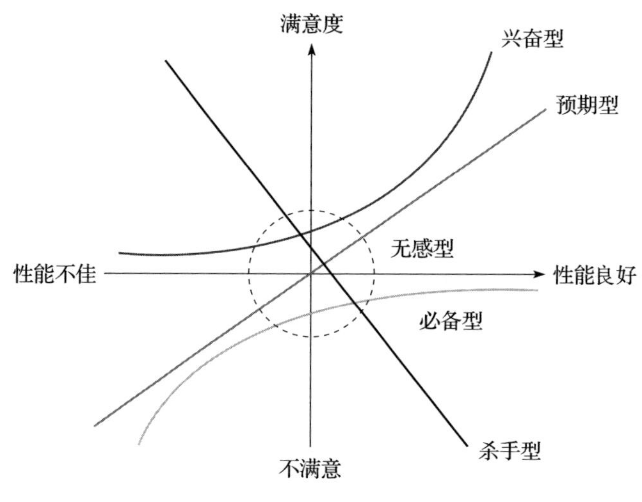

图 3-3 KANO 模型

狩野纪昭教授建议将产品功能或者特征分成五类（Wikipedia，2023）。

- **必备型**

  客户认为产品理应具备的功能或者特征。如果新产品在这些方面表现良好，客户不会有什么表示；如果表现不好的话，客户会表现得非常不满。

  例子：汽车的车轮。

- **预期型**

  客户对新产品的功能或者特征有预期，表现良好的时候他们会感到满意，表现不好的时候他们会表示不满。市场竞争通常围绕这类功能或者特征展开。

例子：汉堡肉饼的大小和多汁程度。

- **兴奋型**

新产品包含这些功能或者特征时会给客户创造惊喜，带来更高的满意度，但是在不具备的情况下客户也不会不满，因为这些往往是他们事先没有想过的或者没有预期存在的。独特卖点通常就隐身于兴奋型的功能或者特征中。

例子：第一代 iPhone 手机的触摸屏。

- **无感型**

客户通常对这些功能或者特征无感，不管存不存在都不影响客户对产品的价值感知和体验。无感型功能或者特征通常隐藏在客户的视线之外。

例子：民航飞机的耗油量（对大多数人而言）。

- **杀手型**

客户厌恶这些功能或特征。新产品具备杀手型功能或者特征会严重影响客户对产品的价值感知和体验，是典型的吃力不讨好的行为。特别是当客户必须为它们买单时，厌恶感会成倍放大。产品经理在开发新产品时应规避杀手型功能或特征。

例子：一个普普通通的产品的浮夸包装。

构建KANO模型所需的最佳数据来源是对潜在客户的调研。在条件不允许的情况下，产品经理可以通过访问团队成员或者亲朋好友来获取所需的数据。为了避免存在盲点，进行交叉验证，我强烈建议采取至少一定程度的外部人群调查。原则上样本量越大，结果就越可靠。经验表明，每一个同质化客户群体的最小样本量应该有30名受访者。KANO模型的调研问题简单明了，便于调研。针对每一项我们关心的潜在功能或者特征，受访者只须回答两个问题即可。图3-4展示了KANO模型的提问以及分类的例子。

步骤1：提问

	我喜欢	我期待	我保持中立	我可以忍受	我不喜欢
功能已存在					
功能不存在					

步骤2：分类

		功能不存在				
		我喜欢	我期待	我保持中立	我可以忍受	我不喜欢
功能已存在	我喜欢	问号型	兴奋型	兴奋型	兴奋型	预期型
	我期待	杀手型	无感型	无感型	无感型	必备型
	我保持中立	杀手型	无感型	无感型	无感型	必备型
	我可以忍受	杀手型	无感型	无感型	无感型	必备型
	我不喜欢	杀手型	杀手型	杀手型	杀手型	问号型

图3-4　KANO模型的提问以及分类

搜集KANO模型数据的第一步是针对我们想要测试的新

产品功能，分别在假设“已存在”和“不存在”的情况下了解客户的态度。这两种情况下的可选答案梯度是一样的，分成从“我不喜欢”到“我喜欢”五个梯度。为了避免误解，产品经理应该确保功能描述清晰明了，特别是在进行在线调查的情况下更应如此。

在步骤 1 提问环节完成后，我们就可以进入步骤 2，根据受访者的偏好将被测试的新产品功能进行归类。在图 3-4 中我们除了可以看到上文提到的必备型、预期型、兴奋型、无感型以及杀手型五类，步骤 2 表格的左上角和右下角还有第六类——“问号型”。这些功能或者特征之所以被归类为问号型，是因为受访者难以确定它们的重要性。通常情况下，我们可以在后续分析中忽略这些功能或者特征。

我们可以选择采用不同方法进行调研数据汇总。一种比较传统的方法是遵循“少数服从多数”原则，即每一项功能或者特征的归类取决于多数受访者的意见。这种做法的优点是数据处理比较便捷，缺点是少数人的意见在数据处理中会被忽略。设想以下情景：有 50% 以上的受访者认为某项功能或者特征属于必备型，那将这项功能或者特征标记为必备型不会有争议；如果受访者对某项功能或者特征的看法并不一致，选择每一类功能的受访者比例接近，这项功能或者特征实际上同时具备多重属性，给它打上单一标签并非稳妥的做法。

另一种数据汇总的方法是连续分析法，承认并保留某项功能或者特征的多重属性。具体做法是对受访者答案进行编码，以更好地展示不同受访者的偏好差异。图 3-5 为连续分析法的示例。

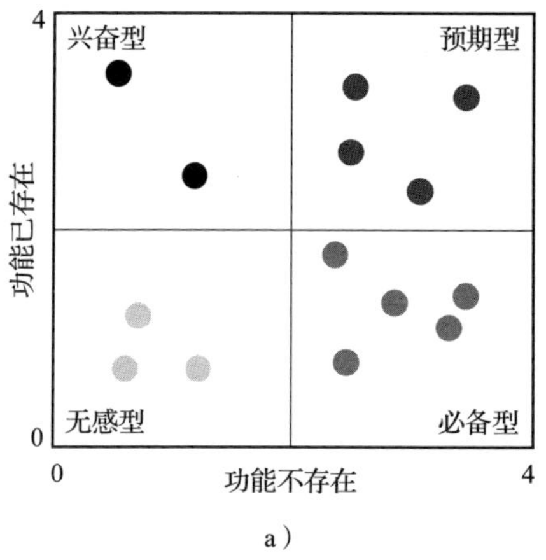

a）

分类	相应功能	
	已存在	不存在
我喜欢	4	−2
我期待	2	−1
我保持中立	0	0
我可以忍受	−1	2
我不喜欢	−2	4

b）

图 3-5　应用连续分析法构建 KANO 模型

借助图 3-5b 中的矩阵，我们可以更好地观察用户对不同功能偏好的分布情况。具体的数据处理方法如下：我们采用 −2 ～ 4 的分值对受访者答案进行编码，针对某项功能或者特征“已存在”的问题：我喜欢为 4 分，我期待为 2 分，我保持中立为 0 分，我可以忍受为 −1 分，我不喜欢为 −2 分；针对某项功能或者特征“不存在”的问题：我喜欢为 −2 分，我期待为 −1 分，我保持中立为 0 分，我可以忍受为 2 分，我不喜欢为 4 分。通过编码，我们可以对每个受访者就每一项功能或者特征的评估进行量化。接下来，我们可以计算采访样本的平均值或中位数，然后得到 KANO 模型，如图 3-5a 所示（Pfeifer，2019）。

需要提示的一点是：不管使用平均值还是中位数衡量，都会使得“个性化”的偏离值被忽略。为了更好地了解潜在客户偏好的分布，我建议在做分析时检查样本标准差或通过直方图更直观地了解客户偏好分布情况。计算变异系数[一]对此亦有帮助。如果我们发现变异系数过大，这意味着潜在客户中存在有显著不同偏好的细分群体。当发现此种情况时，我们应该考虑对数据切分进一步深挖。一种可能的结果是，我们将聚焦某一个潜力最大或者与新产品最匹配的细分市场。

在完成所有数据清洗和分析之后，现在是时候考虑应该将哪项兴奋型的功能或者特征作为独特卖点了。这里的决定因素主要有两个。第一个是成本优势，即我们是否具备以经济的方式向客户提供该项兴奋型功能或者特征的能力。此时，我们需要进行成本效益分析，以评估独特卖点在财务上的可行性，做到有利可图。第二个是（潜在）竞争对手模仿或匹配此项兴奋型功能或者特征的能力。一个合格的独特卖点应该是有竞争

[一] 变异系数（CV）为标准偏差与平均值的比值。

壁垒的，是难以模仿的。不然的话，独特卖点的独特性难以长久。

3.3 揭示支付意愿

现在是时候让我们来聊一下支付意愿这个话题了。用户的支付意愿对任何一名产品经理或定价经理来说都至关重要。掌握用户的支付意愿是产品定价的关键，同时也是一项技术含量很高的工作。

一方面，决策者在定价时常常面临一个两难的选择：我是应该采用较高的定价以匹配我所提供的价值，还是采用较低的定价以达到尽快打开销路占据关键市场地位？正因如此，讨论孤立语境下的支付意愿在实践中缺乏意义。相反地，我们真正想要解决的问题是新产品在不同价格水平下能够实现多少销量。换言之，当我们讨论支付意愿时，我们讨论的其实不是某个个体的支付意愿，而是价格需求曲线。我们希望借助挖掘支付意愿去发现价格与需求量、销量之间的关系。

另一方面，客户很可能不愿意透露他们真实的支付意愿，抑或他们也无法准确判断自己的支付意愿。创新产品因为缺少参照物或者对使用场景的理解，使得潜在客户更难以表明他们的支付意愿。精准地判定个体的支付意愿一件几乎不可能完成的任务。事实上，人类并不擅长清晰地表达自己的诉求。与此同时，产品经理和定价经理其实也应该更关注某一客户群体或关键细分市场客户的整体支付意愿水平，这决定了新产品的销售和利润前景。

幸运的是，我们可以运用一些方法来帮助我们获取客户的支付意愿以及价格需求曲线，其中一些方法只须简单计算，而另一些则涉及较为复杂的数据统计分析。接下来，我们将介绍一些最常用的方法。

3.3.1　定价沙盘

获取支付意愿最直接的方法之一就是征求专家意见。定价沙盘是一种结构化的调研支付意愿的方式，通常以研讨会的形式实现。简单来说，就是一组专家根据他们的市场经验对产品或服务在不同的价格水平下可以实现的销量进行估测。定价沙盘练习分为个人评估和小组讨论两个环节：首先，参与练习的每个人应该各自对销量进行评估，然后再进行集体讨论，最终就最可能的结果达成一致。“沙盘”这一名称暗含试错之意。答案没有对错，真相在讨论中会变得清晰起来。虽然定价沙盘完全依靠的是个人经验和主观判断，缺少外部验证，似乎不够严谨，但是过去的实践表明，定价沙盘得出的结果通常是合理的。[㊀]我们需要了解一些实施定价沙盘时的注意事项。

首先，我们需要邀请到对产品和目标市场有深入了解的真正专家。其次，我们需要创造条件让他们可以开诚布公地发表自己的意见。在这方面，由经验丰富的主持人主持定价沙盘练习将大有裨益。再次，在理想情况下，参与定价沙盘练习的专家应该在研讨会开始之前，先花一些时间熟悉有关产品和市场的基本信息。最后，尽管定价沙盘从表面上来看是一个基于经验的讨论，但是我们应该尽量要求专家用事实和数据来支持他们的意见，而不是单纯地凭借经验泛泛而谈。

除了上述提到的这些注意事项，定价沙盘练习本身并不复杂：参与者将在我们预先确定的价格范围内，就价格变化对销量变化的影响进行判断。销量判断的结果可以是具体数值也可以用指数代替。在使用指数的情况下，我们通常会将价格起点对应的销量定义为 100。在定价沙盘练习中，我们应该将注意力放在不同价格点的销量的相对变化上，销量的具体数值，我们可以之后通过其他的分析手段获得。与销量类似，我们测试的价格点也可以用指数代替，价格起点将被定义为 100。从实施的难易度来看，我更倾向于使用实际价格点。图 3-6 展示了一个定价沙盘练习中的价格销量曲线。

㊀ 我们不能够排除是自证预言的缘故。

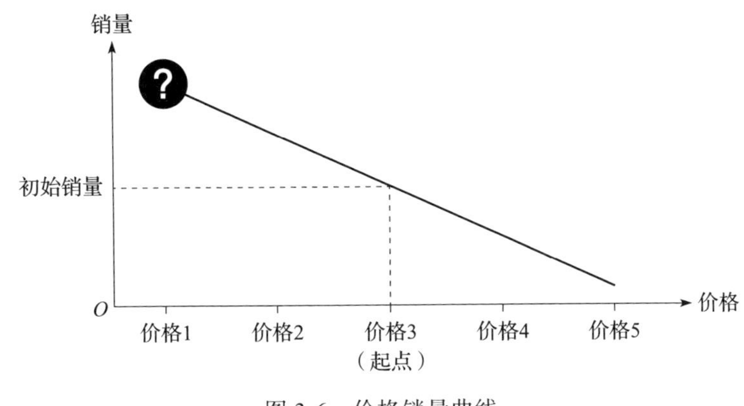

图 3-6　价格销量曲线

正如上文提到的，每一位参与者应首先独自完成对销量变化的估测，然后再在小组内共同比较和讨论。定价沙盘练习的参与者最好是来自不同部门的利益相关者，以便我们全面掌握情况。有时候参与者对某些价格点的销量变化的意见可能会出现较大的分歧，主持人应该避免和稀泥，要引导参与者对不同意见背后的原因展开讨论。意见分歧的背后很可能是负责的产品经理之前没有注意到的盲点。因此在定价沙盘练习中，讨论的过程与讨论的结果都同样有价值。在讨论的最后，参与者应该试着对最有可能出现的量价反应达成共识。如果有好的理由解释分歧，那最后保留几种不同的情景也是可以接受的结果。

在图 3-6 的价格销量曲线的基础上，我们可以进一步绘制收入和利润曲线（需要成本数据），如图 3-7 所示。

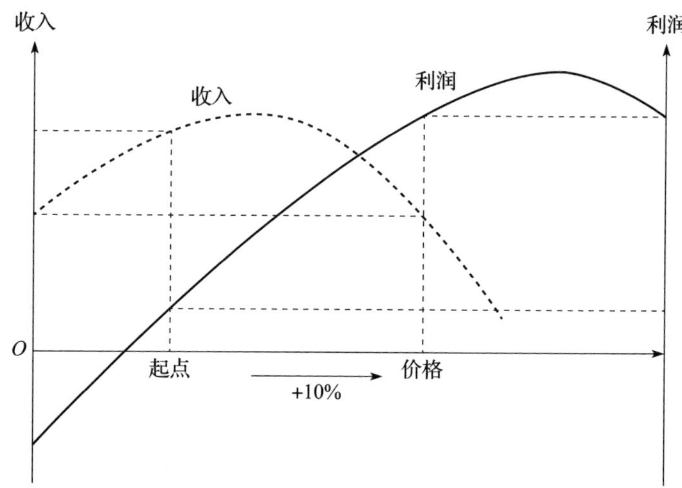

图 3-7　基于定价沙盘的收入和利润曲线

我们在图 3-7 展示的这个例子中，可以很容易发现收入最大化和利润最大化这两个目标不可兼得。假设价格在起点的基础上提高 10%，收入会大幅降低，但同时利润的增长幅度将超过收入的下降幅度，要想实现利润最大化，价格还得进一步提升，代价是整体收入的降低。我们在定价时应该如何定目标？是获取更多收入还是更多利润？我们将在 3.4 节中继续对这个问题进行讨论。

3.3.2　价格敏感度测试

价格敏感度测试（Price Sensitivity Meter，PSM）是最常用

的定价调研方法之一。它适合锁定新产品或服务的目标价格范围。PSM 还有助于揭示消费者的心理价格阈值，这对制定零售价格来说尤为关键。PSM 由荷兰经济学家彼得·范·韦斯滕多普（Peter Van Westendorp）于 1976 年提出（Wikipedia，2023）。

PSM 的调研问题很简单，每个被测试的新产品或服务最多涉及以下四个价格点：

鉴于（某新产品或服务的详细描述），你认为什么价格合适？

太便宜　　　　　　￥______（tc_i）

可接受　　　　　　￥______（a_i）

昂贵　　　　　　　￥______（e_i）

太贵　　　　　　　￥______（te_i）

上述问题是开放式问题。也就是说，受访者可以不受任何限制地输入他们觉得合适的任何数字。不过，为了便于后期数据处理，我们通常会在调查问卷中加入以下逻辑检查：

$$tc_i < a_i < e_i < te_i$$

例如，当一名线上问卷的受访者回答“昂贵”的价格低于“可接受”的价格时，系统会给出答案不合理的提示，并请受访者检查他的答案。根据经验，在受访人数超过千名的大规模在线问卷调查中使用 PSM 通常可以取得理想效果。不过，在哪怕是不及 100 人的小规模抽样调查中使用 PSM 通常也可以取得不错的效果，前提是小样本的受访者对被测试的新产品或服务足够了解，并且使用场景和潜在的价值感知相近。此外，还有几点通用的注意事项。

首先，对新产品或服务的描述应该清晰准确，突出相关功能或特征对潜在客户的好处，避免过度使用术语和描述技术细节。其次，我们之所以采用 PSM 设置这类开放式调研问题，是因为要避免对受访者进行心理暗示，应该尽量创造条件引导他们表达自己的真实想法。因此，我们在设计问卷时应该避免类似“**合理价格范围**”这样的提示。不用担心出现稀奇古怪的答案导致调研结果无法使用。事实上，在样本量足够大的情况下，个别偏离值在数据分析中自然会被边缘化，不影响整体结果的可靠性。如果你在问卷中提及竞品价格也并非不可，但一定要注意在介绍价格的同时对新产品或服务和竞品之间的价值差异做充分解释。我们将所有的问卷答案输入电子表格后，就可以生成如图 3-8 所示的支付意愿曲线。

问卷中涉及的四个价格点分布在可视化后，各自形成一条类似价格销量曲线的曲线（尤其是“可接受”和“太便宜”这两条曲线）。图 3-8 中的横轴对应价格，纵轴对应受访者占比（可以被当作潜在销量的指标）。我们可以通过图 3-8 观察潜在客户在不同产品价格水平下对产品接受程度的变化。四条曲线的交叉点被学者们赋予了花哨的市场营销术语式的名称，在此我刻意省略了，因为在我看来，它们缺少实际应用价值。在这

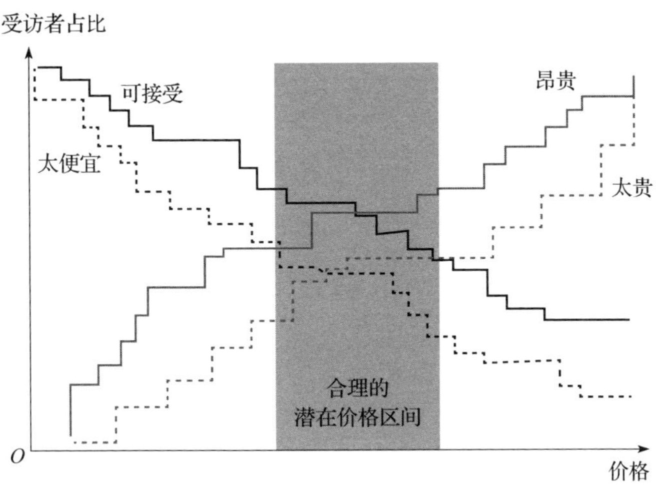

图 3-8　支付意愿曲线

里，读者只需要知道这四条曲线交汇构成的区域（即图 3-8 中的阴影部分）表示的是新产品合理的潜在价格区间就足够了。一般情况下，我们在此基础上就已经足以进行初步的商业可行性的验证分析。这里有个重要提示，虽然可能不言而喻，但是请允许我啰唆一句：单单凭借如图 3-8 展示的支付意愿曲线我们无法获知最优价格点。在极端情况下，由于企业制定的目标不同，最优价格点甚至会落在合理的潜在价格区间之外。

PSM 和类似的直接定价问题都有一个常被人诟病的缺点：调研中受访者的注意力很容易停留在价格上，而缺乏对价格背后的价值的关注，由此推导出的支付意愿有可能会被低估。但是我认为随着样本量的增加，并且在实施 PSM 之前对新产品或服务的功能与使用场景进行充分的介绍，支付意愿被低估这个潜在问题可以得到有效缓解。出于类似的考虑，越来越多的采用 PSM 的调研都省略了关于“什么是太便宜的价格？”这个问题。一方面，产品经理和定价经理对合理价格范围的上限更感兴趣；另一方面，“太便宜的价格”这样的说法可能会对一些受访者造成困惑。在重新排列合并数据后，我们可以得到一条看上去更熟悉的价格销量曲线，如图 3-9 所示。

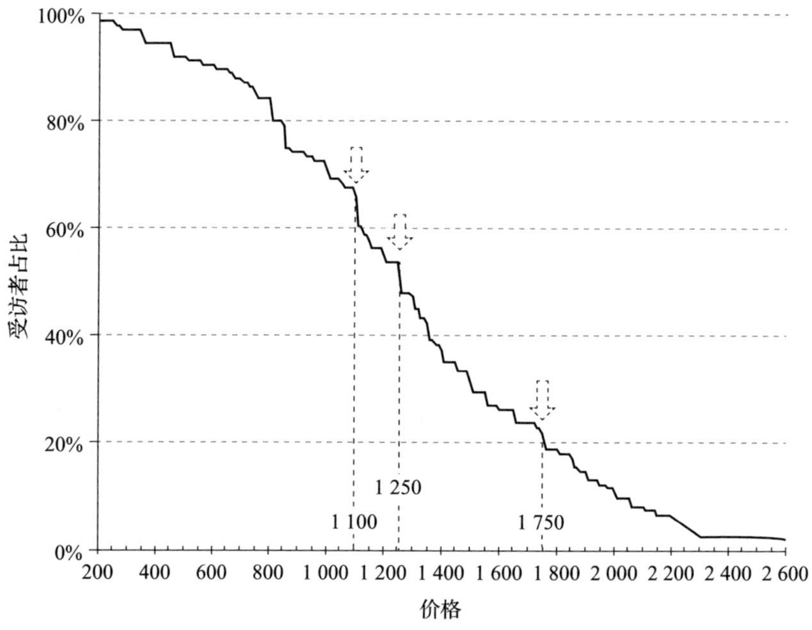

图 3-9　重新排列合并数据后得到的价格销量曲线

与图 3-8 相同，图 3-9 中的横轴为价格，纵轴为受访者占比

（潜在销量）。与图 3-8 不同的地方在于，我们可以从图 3-9 中直观地看到关键价格阈值。我们可以观察到，当价格超过 1100 元、1250 元和 1750 元时，受访者占比会明显下降。我们称这几个价格点为关键价格阈值。据说关键价格阈值的存在与人脑构造有关——某些特定的价格点会触发特别的疼痛感，所以很多零售商在定价时会特别注意避免超过关键价格阈值，以免销量大幅下滑。但是很多人不明白的是，不同产品的关键价格阈值是不同的，在定价的时候采用 9 结尾的价格（避免超过关键价格阈值）而不是整数的做法对商家来说并不一定是最优的。设想某个零售商在没有进行调研的情况下将某个产品定价为 99 元而不是 100 元，这种做法就像是在买彩票：彩票的价格是每一单少赚的 1 元，而彩票的奖励是被两位数的价格标签吸引来的新客户创造的额外收入。商家不仅需要高超的运算能力，还需要出众的运气才能赢得彩票大奖。我们将在 5.7 节中进一步探讨这个话题。

3.3.3 价格断裂点模型

在一款产品获得成功之后，乘胜追击考虑推出关联产品是顺理成章的事情。从定价角度来看，新产品定价的一个关键参照物是原有产品的价格。在这种情况下，价格断裂点模型（Gabor Granger Model）是理想的定价方法。克莱夫·格兰杰

（Clive Granger）和安德烈·加博（André Gabor）在 20 世纪 60 年代发明了价格断裂点模型（Wikipedia，2023），以帮助我们找到新产品针对原有产品的合理价格差异。搜集价格断裂点模型所需数据的方法多种多样，表 3-1 的示例中新产品和原有产品的价格差异用百分比的方式表示。

表 3-1　价格断裂点模型调查问卷

在某产品差异和如下价格差异的情况下，您会选择哪种产品？

如果 B 的价格比 A 高 x%？	A（原有产品）	B（新产品）
40%	✓	
30%	✓	
20%		✓
10%	一旦选择了 B，此问题就结束了	
5%		

在表 3-1 的例子中，A 是原有产品，是新产品 B 的定价参照物。我们的目标是通过 B 的定价优化实现产品组合的总利润最大化。在这里我们借用两款不同规格的奶昔来解释价格断裂点模型的工作原理。除了规格不同，这两款奶昔产品在其他方面没有任何差异。在实践中，新产品在功能上也可以相对原有产品有差异或者迭代。只要我们能在调研中准确、清晰地向受访者解释两者之间的差异，我们同样可以运用价格断裂点模型来找到新产品的最佳价格。

图 3-10 展示了奶昔价格断裂点模型调查的测试结果。其

中，中号奶昔（M）是原有产品，规格为 350 毫升，价格是 4 美元。大号奶昔（L）是我们计划推出的新产品，规格为 470 毫升。中号奶昔的价格作为价格锚点是固定的，我们希望新产品即大号奶昔的定价能够帮助我们实现两款奶昔产品的总利润最大化。在价格测试中，为了评估客户对大号奶昔的支付意愿，我们使用了一个包含四个梯度的价格阶梯，分别比原有产品即中号奶昔的零售价格高出 40%、30%、20% 和 10%。

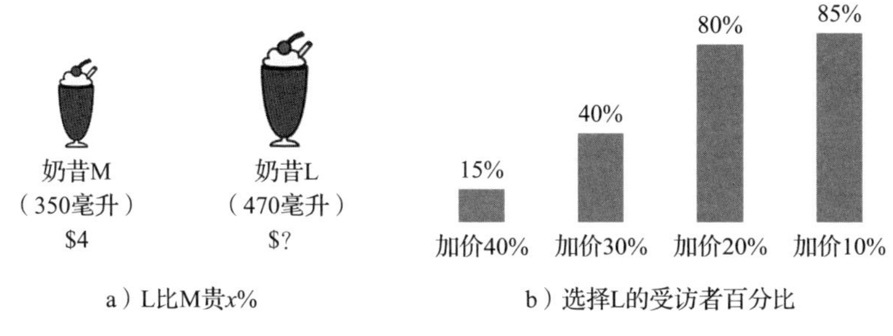

图 3-10　奶昔价格断裂点模型调查测试结果

我们按从高到低的顺序列出预期的大号奶昔相对中号奶昔的价差。随着价差的缩小，倾向于选择大号奶昔的受访者比例逐步增加。在加价 40% 的情况下，只有 15% 的中号奶昔客户会转购大号奶昔；在仅加价 10% 的情况下，多达 85% 的中号奶昔客户会选择购买大号奶昔。从调查结果来看，加价 20% 对应的价格点似乎是一个价格甜蜜点（Price Sweet Spot）。这时大号奶昔的零售价格降到了 5 美元以下（从上一个梯度的 5.2 美元下降到 4.8 美元），受欢迎程度相较上一个梯度（加价 30%）有显著提升。我们可以从表 3-2 中看到选择加价 20% 的财务影响。

表 3-2　奶昔价格断裂点测试的财务影响

产品	M	L
规格	350 毫升	470 毫升
零售价格	$4	$4.8
受访者占比	20%	80%
利润提升（相比仅有 M 的情况）	+12%	

加价 20% 将帮助我们实现奶昔产品组合的总利润最大化，总利润相比仅有中号奶昔的初始情况可以提升 12%。从客户的角度来看，这个加价率看上去也是合理的。大号奶昔的规格（价值）增加了约 34%，但他们付出的牺牲（价格）只增加了 20%！大号奶昔的性价比显然要优于中号奶昔。

机智的读者可能已经联想到我们其实也可以将价格断裂点模型运用在新产品的定价上。事实上，我知道有些产品经理的确是这么做的，但我对此还是持保留意见。因为与 PSM 不同，我们在运用价格断裂点模型前必须指定测试中用到的价格点。如果这是一个创新程度很高的产品，我们不能排除产品经理存在价值盲区的可能性。如果不幸选择了错误的价格点（价格点要比价格区间更精确，因此挑战更大），我们很可能会做出错误的决定，价值盲区也无法被识别。我建议在新产品的市场调研中，尽量不要先入为主地假设客户的支付意愿。

同样值得一提的是，与 PSM 相同，价格断裂点模型在样本量方面的要求对产品经理比较友好。在理想情况下，我们应该通过大规模客户调研获取价格断裂点模型所需的数据，不过在专业调研人员主导的焦点小组讨论中，也可以很好地发挥价格断裂点模型的效用（Utility）。10 ～ 15 名潜在客户参与的焦点小组讨论亦有助于产生有价值的定性洞察。无论样本大小，数据偏差总是难以避免的。在大型在线调研中出现的异常值可以根据受访者对问卷中其他问题回答的合理性进行筛选；在焦点小组中，我们有机会与受访者讨论出现重大意见分歧的原因，帮助我们更好地理解消费者心理。这世上本没有完美的定价调研方法。有经验的产品经理和定价经理在可以洞察不同调研方法局限性的基础上扬长避短，交叉验证，降低出现重大失误的概率。接下来要介绍的联合分析法是少数几个自带交叉验证功能的定价调研方法之一。

3.3.4 联合分析法

联合分析法（Conjoint Analysis）英文中的 Conjoint 是一个神奇的词，意为将一切有关系的事物联系在一起。与 PSM

和价格断裂点模型等直接定价方法不同，联合分析法是一种所谓的间接定价方法。联合分析法的设计和实施要比直接定价法复杂得多。这种复杂性是可以预见的，因为联合分析法不会问受访者诸如“你觉得什么价格可接受？”这样直接触及价格本身的问题。联合分析法像是X光，试图对客户的购买选择背后的心路历程进行解码，通过巧妙的设计让我们了解到客户是如何权衡价值和价格的。调研的实施也更接近客户实际的购买场景——客户在模拟货架上或展厅里选择功能各异（价格也是功能的一部分）的产品，而不仅仅是选择价格。借助联合分析法及以其原始数据为基础搭建的市场模型，我们不仅可以还原客户支付意愿和需求曲线，还可以发现如何优化功能，以及提升产品竞争力的线索。

联合分析法源于数学心理学，最早由市场营销学教授保罗·格林（Paul E. Green）提出。如今，联合分析法已被广泛应用于社会科学和应用科学领域，包括市场营销、产品管理和运营研究（Wikipedia，2023）。尽管联合分析法的调研问题设计多式多样，但其核心理念是一致的：客户对产品的价值感知决策了他们的购买决策。一个产品为客户带来的效用越高，就越有可能被选择。产品效用由产品的价值驱动因素（有时也称作属性）构成。例如，一台电动汽车的效用可以拆分到以下价值驱动因素：品牌、续航里程、充电时间、功率、加速时间、装备水平、售后服务水平和价格等。在联合分析法的调研问题设计中，每一项价格驱动因素都会包含几个不同的参数。例如，功率可能包括700马力、800马力和1000马力等几个参数。㊀

所有产品的属性和相关参数都必须在调研实施前完成设计。㊁这要求调研团队要对设想的产品和竞争产品有一定的知识储备。这是我们在使用联合分析法时通常会遇到的第一个挑战。图3-11展示了联合分析问卷中最核心的调研问题，即购买决定问题。

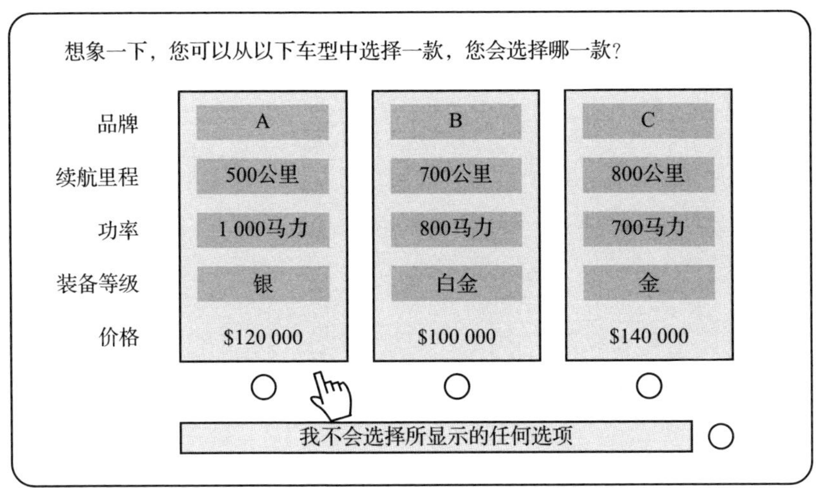

图3-11　联合分析问卷中最核心的调研问题

㊀ 如果联合设计法允许受访者说明其对产品的偏好，则可能会显示出不同的属性和参数。

㊁ 与价格断裂点模型问卷设计需要预先设定价格点不同，联合分析软件可以根据受访者的偏好差异设定个性化的价格参数。对此话题感兴趣的读者请阅读联合分析法相关论文，在此由于篇幅关系不就方法论做进一步展开。

在一份典型的联合分析问卷中，受访者会看到十几个类似这样的产品选择问题。先进的联合分析软件可以根据受访者每次的选择，猜测他们的偏好，在后续出现的产品选择问题中动态调整产品属性和参数。在通常情况下，产品属性和参数的数量越多，联合分析问卷的长度就越长。这是联合分析法带来的第二个挑战，即如何控制复杂性。问卷越复杂，完成问题的时间越长，受访者的注意力就越容易分散，会对调研数据质量造成不利影响。

联合分析软件会在后台对不同产品属性 - 参数组合对受访者的偏好 / 购买决策可能产生的影响进行建模。分析产生的结果是产品的价值（效用）将被解构成可以量化的价值驱动因素（产品属性 - 参数组合）。根据不同的偏好，每一名受访者的产品属性 - 参数组合对应的效用都可以是不同的。我们可以把效用想象成量化价值驱动因素的通用货币，这里的价值驱动因素包含价格。在掌握了客户效用信息之后，产品经理可以对现有的产品雏形进行优化。如上文所述，一个产品的总效用越高，客户选择它的概率就越大。图 3-12 延续了电动汽车的例子，展示了不同产品属性 - 参数组合对应的效用。

我们在图 3-12 中可以看到三种产品属性（里程、设备和价格）的不同参数的效用曲线。由于所有参数都可以通过效用量化，所以我们可以：

（1）明确每一个产品属性对客户购买决策的相对重要性。

（2）量化每个产品参数的货币价值（价格）。

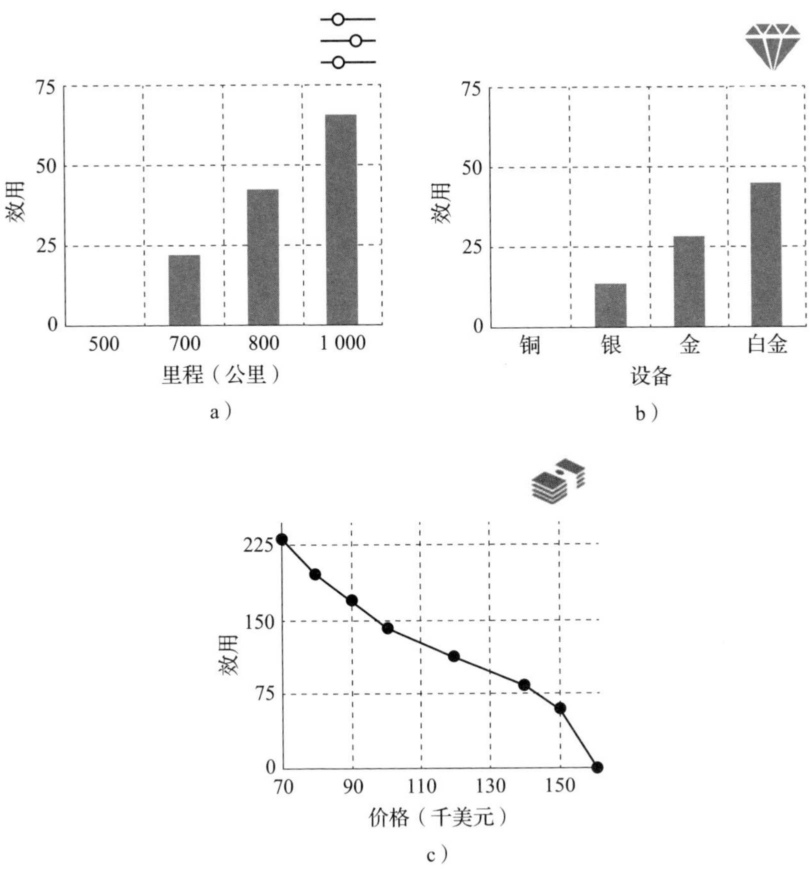

图 3-12　不同产品属性 - 参数组合对应的效用

请注意，图 3-12 中展示的这些效用曲线反映的是调查样本的整体情况。正因为每一名受访者的产品属性 - 参数组合对应的效用皆是个性化的，每一名潜在客户的效用曲线也不尽相同，所以在建模模拟客户偏好份额（即每一个可选产品期望的市场份额）时，我们使用的基础数据是个人效用，而不是样本的总效用。整个计算和校准过程是一项技术含量很高的工作，这是我们在运用联合分析法时的第三个挑战。

利用基于联合分析法的市场模拟工具，我们可以根据不同目标（如收入、市场份额或利润最大化）的设定找到最佳价格。与其他直接定价方法不同的是，我们还可以调整价格－价值等式中的价值侧，通过对产品功能进行调整，动态平衡额外收入与额外成本，从而对整体利润施加正向影响。产品价值模拟是一个需要经验和创造力的多阶段往复演绎，这是我们在运用联合分析法时面对的第四个挑战。

尽管存在不少挑战，但我仍然是联合分析法的忠实粉丝。因为它大概是目前唯一能深入研究价格－价值等式两侧的分析技术。同时，我们应该清醒地认识到，联合分析法是一种有效但因为其复杂性而不一定是投入产出比最好的调研方法。想要发挥联合分析法的最大效用，需要战略、营销、市场研究、定价、分析、统计、心理学和其他领域的跨学科能力，因此企业几乎不可能完全依赖内部团队完成联合分析调研的设计与实施。我强烈建议企业在选用联合分析法时应寻求专业人士的帮助。

3.3.5 价格实验

有时，产品经理会在正式发布产品之前进行小规模的价格实验——在选定的地点、渠道或特定客户群体中进行短暂的价格实验。你可能不知道，许多公司都会进行价格实验，从初创公司到《财富》世界500强公司都是如此。当你认为目标价格会超过临界价格，从而面临销售额大量流失的风险时，进行价格实验才最有意义。在价格实验中，产品经理将评估和比较几个价格点对销量的影响，这在某些方面类似于锦标赛，能带来最多收益的价格将成为获胜者。

进行价格实验的产品经理有两类，他们的动机相同，都是为了减少定价中的不确定性，然而结果却完全相反。为什么会这样呢？第一类产品经理已经完成了深入的产品价值价格研究，确定了最佳的价格范围，甚至想到了具体的价格点。他们使用价格实验来验证自己的假设并找出最佳策略。第二类产品经理事先几乎没有做过任何定价功课。他们可能只是简单地查看了竞争对手的价格，并基于成本计算出了一个价格。然而，他们实际上是在毫不知情的情况下进行实验。我曾经提到过，我反对使用价格断裂点模型来为新产品定价。同样的道理也适用于此：进行价格实验时，你必须始终坚持合理的假设，否则你可能会测试错误的价格范围，反而得不偿失。

近期我与一家高科技服饰初创公司的创始人兼首席执行官进行了深入的交流。这家公司最大的卖点之一是自主研发的功能性面料。在此之前，该公司专门生产室内服装，而这位首席执行官已经决定将业务拓展到户外服装领域，利用公司在特种织物方面的技术优势来推动未来业务的增长。户外服装市场比室内服装市场大得多，但竞争也更加激烈。新品类的定价更加困难，尤其是对在户外服装市场缺乏经验和品牌知名度的公司来说，这是一个未知的领域。在多次交流之后，我确认了两件事情：第一，他认识到了定价或定价策略的重要性；第二，他在新业务上投入了大量资金。然而，接下来他所说的让我大跌眼镜。他充满自信地向我介绍了新产品上市准备的最新情况：

首席执行官："我已经精选出了七八种适合制作户外服装的优质面料。我们将用这些面料制成户外服装，在公司的零售店进行实地测试，再从中挑选出一两种，以控制生产成本和复杂性。

"我们还深入研究了定价策略。经过考量，我们可能会借鉴室内服装的高端市场定位。在未来的几个月中，我们将对几个不同的价格点和面料进行细致评估。"

我赞许地点点头，随后问道："你们在确定要测试的价格点时，有什么特别的考量吗？"

首席执行官："我们参考了市场领导者的价位，同时也对我们的成本结构进行了审查，以确保我们有足够的盈利能力。”

我：“你们有没有与任何潜在客户进行过沟通？”

首席执行官：“有的，我们采访了十几位在我们的零售店购买过室内服装的客户。他们的反馈非常积极。”

我好奇地追问：“就这些了吗？”

首席执行官肯定地说：“是的，就是这样。”

我们的对话到此结束，我感到有些恼火和沮丧，原因有以下四点。第一，他并不是在进行真正的价格实验，而是在进行盲测，直接询问客户的支付意愿往往不是一个明智的选择，因为虚荣心可能会让人们夸大自己的支付意愿。第二，户外服装的核心客户群不一定与现有客户群重叠，这种假设过于大胆。第三，价格实验是为产品上市的冲刺阶段准备的，客户永远不可能告诉你七八种面料中哪一种最好。此外，对功能的接受度进行实验的成本极高，通过开展焦点小组讨论或类似活动提前缩小选择范围，会更有效率。第四，在不了解客户如何做出决策以及新产品如何在竞争中脱颖而出的情况下，以竞争对手为基准进行比较是肤浅的。请不要误解我的意思，我举双手赞成进行价格实验。因为新产品的推出关系到大量的时间和金钱，我们不能过于谨慎。我只是觉得不应该有那么多产品经理认为价格实验是包治百病的速效药。价格实验更像是守门员，如果公司不知道球（目标）在哪里，也就无门可守。

众筹平台为价格实验提供了便利。让我们看看 Kickstarter 上的一个例子：Instafloss 是一款冲牙器产品，它能取代传统牙线，可减少对牙龈的意外伤害，同时达到更好的清洁效果。冲牙器并不是一个新品种。Instafloss 的主要卖点是它的高效率——它能在 10 秒内完成牙齿的清洁工作。相比之下，使用牙线手动清洁大约需要 1 分钟。图 3-13 展示了 Kickstarter 上 Instafloss 众筹产品的三种不同选择。

选项1	选项2	选项3
认购价119美元 现在支持我们，您将节省60美元。 预计零售价：179美元。 您还可以选择添加以下附加配件： · 添加8美元的备用清洁头（节省7美元） · 添加9美元的彩色保护套（节省6美元） 我们将在众筹活动期结束后的客户调查中向您搜集附件选项、送货地址、成人/儿童产品尺寸等信息。 备注：运费、关税和增值税将在发货前另行计算和收取。 产品包装内包括：一台Instafloss 仅剩7台	认购价129美元 现在支持我们，您将节省50美元。 预计零售价：179美元。 您还可以选择添加以下附加配件： · 添加8美元的备用清洁头（节省7美元） · 添加9美元的彩色保护套（节省6美元） 我们将在众筹活动期结束后的客户调查中向您搜集附件选项、送货地址、成人/儿童产品尺寸等信息。 备注：运费、关税和增值税将在发货前另行计算和收取。 产品包装内包括：一台Instafloss	认购价199美元 （最优惠的价格） 现在支持我们，您将节省159美元。 预计零售价：179美元。 您还可以选择添加以下附加配件： · 添加8美元的备用清洁头（节省7美元） · 添加9美元的彩色保护套（节省6美元） 我们将在众筹活动期结束后的客户调查中向您搜集附件选项、送货地址、成人/儿童产品尺寸等信息。 备注：运费、关税和增值税将在发货前另行计算和收取。 产品包装内包括：两台Instafloss 仅剩6台

图 3-13 Instafloss 众筹产品选项

资料来源：Kickstarter.com。

让我们先来观察一下产品选项的基本信息。选项 1 和选项 2，这两种选项都包含一台产品，其唯一区别在于价格。选项

1 的价格为 119 美元，比预计零售价便宜 60 美元，而选项 2 的价格比选项 1 高 10 美元。另外，选项 3 被标记为最优惠的价格，两台产品的售价为 199 美元，总共可以节省 159 美元。虽然提供不同的产品选项可能并非有意为之，但是这构成了一个事实意义上的价格实验。那么，我们能从这个实验中得到什么启示呢？

首先，我们可以从价格水平中观察到客户的支付意愿。看选项 1 和选项 2 的库存消耗速度就可以得出这个结论。这有点像一个价格断裂点模型测试。设想如果选项 1 在一小时内售罄，而选项 2 在两周内只卖掉了两单，这意味着什么？选项 1 很可能定价过低，而选项 2 则很可能定价过高。最佳价格很可能在 119 ～ 129 美元之间。如果选项 2 也在短时间内售罄，那么我们可能会倾向于推出价格更高的方案，看看它的表现如何。需要注意的是，分配给每个选项的产品数量应该是相同的，不然不易于比较。

其次，我们来看一下产品捆绑的情况。选项 3 包含了两台产品。一般来说，由不同产品组成的捆绑产品更为常见，如快餐店的超值菜单。然而，在某些情况下，将两台冲牙器捆绑在一起也是有意义的。例如，有人可能对该产品非常满意，想马上买两台供全家使用，或者多买一台送朋友。这种捆绑销售方式为懂得享受捆绑销售好处的客户提供了很高的性价比（约

45% 的折扣！）。选项 3 的接受率表明了客户对这种捆绑销售的需求。如果还有其他不同价位的捆绑选择，我们也可以评估相应的支付意愿。如果日后我们在类似 eBay 或闲鱼等闲置物品交易平台上发现超低价的原装 Instafloss，可以推测这些产品很可能来自那些购买捆绑产品的客户。

最后，来看所有选项的附加配件。通常来说，提供附加配件是一种巧妙的增收方式。然而在客户还不熟悉核心产品的情况下，附加配件销售很难取得好成绩。在有一个成熟的核心产品作为价值参照物的前提下，客户才会对附加配件的优惠信息感兴趣。需要注意的是：如果选择附加配件的好处显而易见，那么在新产品发布时提供附加配件可能是有意义的，但打折也就失去了意义。

以上介绍的所有信息都是基于 2019 年的数据，当时我在 Kickstarter 上发现了这个众筹项目。2023 年，在起草本书的过程中，我出于好奇查阅了 Instafloss 官方网站，当时一台冲牙器的零售价是 199 美元，比 2019 年的预计零售价高出 20 美元，并且没有捆绑销售的情况，保护套也没有列为附加配件。备用清洁头的价格为 19.99 美元；如果选择每三个月自动补货，价格则降至 12.99 美元。读者可以自行判断 Kickstarter 上的价格实验是否达到了目的。

价格实验是产品经理常用的定价方法。然而，正如上述例子所示，同时也存在许多陷阱。如果准备和使用得当，价格实验可以成为一个非常强大的工具，帮助你更好地了解客户，做出更好的决策。但是，它不能取代所有其他应有的定价工作。

3.3.6 新产品定价流程

前面介绍了五种不同的确定客户支付意愿和价格需求曲线的方法，我们仍需解决几个关键问题：定价经理应如何将这些方法应用于实际操作中？需要用到哪些技术？其使用顺序又是什么？如果不同数据来源的结果存在差异，该如何处理？

在实践中，做出定价决策的方法有很多。虽然不同企业在制定定价方案时需要考虑到企业自身情况，但是应始终遵循从粗到细的原则。换句话说，你从一开始就应该对以下问题有所了解：

“谁是目标客户？”

“新产品的使用场景是什么？”

“我的独特卖点是什么？”

“什么是合理的价格范围？”

在完成充分的研究、分析和评估之后，这些问题的答案将自然而然地清晰起来。根据你对答案的确定程度，你可以跳过新产品定价流程中的若干步骤，整个流程如图3-14所示。

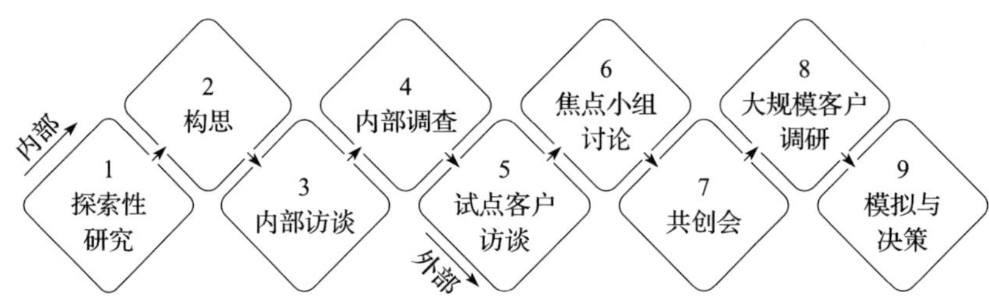

图 3-14 新产品定价流程

典型的新产品定价流程涵盖了9个步骤，前4个步骤侧重于构思，当步骤4结束时，你应该已经从潜在客户的角度就产品的价值和价格感知形成了初步判断。接下来的5个步骤是一系列外部验证活动，从粗略到精细，从定性到定量。在最后一步，你将整合所有内容，并决定销售什么、收费多少以及如何收费。以下是对每个步骤的关键动作的简要介绍。

1. 探索性研究

观察并收集想法，探索尚未满足的客户需求，思考创新的技术并研究其可行性。了解现有市场和竞争对手的情况，将其作为产品开发的参考和灵感来源。

2. 构思

根据客户的具体需求和痛点，设想潜在的产品概念，并确定主要卖点。理想情况下，你还应该估测目标客户的支付意愿，对产品的功能或特征构思，以指导产品的进一步开发。

3. 内部访谈

咨询内部专家，评估创新在技术和商业上的可行性。有时，你可能需要征求外部专家的意见。在这一步骤结束时，你应该对产品－市场－价格契合度有所了解。在这一步骤中，定价沙盘是一个非常有用的工具。

4. 内部调查

如果有一大批人可以帮助你将新想法付诸实践，那么这个步骤就很有意义。当需要来自多个地区或市场的意见时，这一步骤尤为重要。在这一步骤中，你可以使用价格敏感度测试或价格断裂点模型来更好地了解客户的需求和期望。这些方法将帮助你确定产品原型是否符合目标客户的需求。

5. 试点客户访谈

倾听客户的声音是至关重要的。与目标客户进行交流，观察他们在各自使用情况下对新产品的反应。这将帮助你消除盲点或误解。

6. 焦点小组讨论

向精选的关键人群展示产品原型，并就新产品与竞争对手产品的关键方面进行深入讨论。根据可获取的样本数量，你还可以利用价格敏感度测试或价格断裂点模型来获取更准确的数据。

7. 共创会

根据步骤 6 的成果，向一组专家（可能是关键意见领袖、重度用户或行业资深人士）介绍优化后的产品概念。这是进行大规模客户调研之前的最后一次调整机会。

8. 大规模客户调研

迄今为止，所有的假设都是通过小样本进行评估的。为了更好地了解新产品在市场中的表现，建议你开展大规模客户调研，其中包括至少 300 名特定市场中的有效受访者[㊀]（主要适用于 B2C 行业。B2B 行业的样本量和调查形式有所不同）。在这一步骤中，你可以使用从 3.3.1 节至 3.3.5 节中提到的所有定价方法来收集和分析数据。然而，你必须注意权衡取舍。问卷越长，结果的可靠性就越差。

㊀ 有效受访者是认真对待调查、在合理时间内完成问卷的潜在客户。

9. 模拟与决策

这是至关重要的最后一个步骤，然而不幸的是，这个步骤也经常被省略。到目前为止，你已经收集了大量数据，现在是时候对这些数据进行综合分析，为最终决定价格提供依据了。现在，我们已经将价格和支付意愿产品化，是时候制定价格战略了，因为必须决定定价战略应该实现哪些目标。

在开发新产品时，定价是一个关键环节。如果成本（提供的价值）超过了收益（收取的价格），那么新产品的开发可能会在定价流程的任何一个步骤结束。为了更好地理解定价的工作原理，我们可以考虑以下两种极端情况：

情况 A：你对目标客户、使用场景、独特卖点等都了如指掌，目标价格是唯一缺失的信息。

情况 B：你认为新产品具有令人兴奋的潜力，但对其他方面都还不确定。

如果你发现自己处于情况 A 中，那么你是幸运的。因为对目标价格的确定，需要考虑到产品的独特性和市场对这种独特性的认知。如果你能确定自己提供的产品具有独特而有价值的卖点，那么你就有更大的定价机会。在定价过程中，验证价值认知和找到适宜的价格是非常重要的。如果你的新产品具有颠覆性的创新，你可能会开创一个全新的市场，这个市场没有既定的价格需求曲线。新产品的命运将取决于你如何定义目标客户和相应的使用场景，此时目标客户的支付意愿在决定新市场的潜力方面起着至关重要的作用。在这种情况下，你可能需要从步骤 6 到步骤 8 的某一个步骤开始，主要任务是检验产品概念和相应的支付意愿。如果你发现自己处于情况 B 中，那么你可能需要尝试通过图 3-14 中描述的整个定价流程确定价格。在整个过程中，牢记价值 – 价格等式是至关重要的。当目标价格与感知价值不一致时，你必须有勇气在为时已晚之前叫停。

3.4 真相时刻

你一直耕耘不辍，研究市场动态，精心开发产品，并审慎权衡战略选择。现在，是时候一展宏图、实现你的目标了。此刻，是决定性的关键时刻。此时此刻你并不轻松，因为市场总是充满意外与变数，即便是最精密的模拟模型也无法预测所有的未知数。我能给予所有产品经理的最佳建议是：

> **细心倾听市场的真实声音，根据这些事实采取果断有效的行动。**

如果产品很普通，那么价格就应该定低（如果你还想推出的话）；如果产品很独特，那么价格就应该定高。走中间路线并非明智之举，反而显得企业底气不足，不知自己销售的是什么以及客户看重的是什么。选择“求稳”的中间路线在高价值产品定价中尤为常见。一位高科技初创公司的创始人透露了公司新一代旗舰产品的定价策略：

“相比竞争对手，我们的新产品在各方面都表现卓越。我们计划将新产品定在接近市场领导者水平的价位，这样我们就能超越他们。”

这里存在逻辑谬误。若新产品出类拔萃，那便能以高于竞争对手的价格吸引到客户。iPhone 就是一个典型的例子，尽管它价格昂贵，却在全球市场占据领先地位。另一个很好的例子是戴森公司，它是无线吸尘器这一产品类别的开创者和无可争议的领导者，戴森公司的产品售价往往是竞争对手的产品售价的几倍（Yang，*The Pricing Puzzle*，2020）。反之，若新产品的表现平平，并无太多亮点，“求稳”策略则意味着需要大幅降低售价以吸引客户。然而，这种做法会对产品的财务可行性造成压力，适得其反，使得原本就欠稳的前景更加不稳。

只有当新产品具备显著的规模效益潜力时，主动采取高价值、低价格组合策略才有意义。Costco 就是采取这种策略的典型。Costco 用低价吸引客户，但为了享受低价，客户必须事先购买会员，从而获得在 Costco 购物的资格。这种会员制不仅为Costco带来了大量的客户，还为其带来了丰厚的收入。Costco历年的年报显示，会员费在其总收入和利润中都占据了相当大的比例，是Costco能够持续采用这种商业模式的关键所在。Costco能够采取这种策略，主要得益于其巨大的采购量和与供应商的议价能力。在巨大的采购量支持下，Costco可以实现较低的采购成本，从而在销售时能够报更低的价格。同时，由于其与供应商的议价能力强大，Costco可以在保证产品质量的同时，尽可能地降低采购成本。

除此之外，Costco还通过提供高质量的商品和服务来提高客户满意度。例如，Costco销售的产品质量可靠，价格公道，而且其售后服务也十分到位，这些都使得Costco在客户心中树立了良好的形象，从而吸引了更多的客户。综上所述，只有当新产品具备显著的规模效益潜力时，主动采取高价值、低价格组合策略才有意义。

3.5 本章小结

- 企业的目的只有一个：创造客户。
- 企业的持久成功是建立在不断为客户创造惊喜的基础上的。然而，这并不意味着企业要不惜一切代价满足客户的所有要求。
- 产品 - 市场契合度对初创企业和投资人来说是一个甜蜜而诱人的陷阱。加入价格这一关键要素至关重要——客户的支付意愿决定了一家初创企业可以走多远。
- 企业的收益（价值）必须至少与客户的牺牲（价格）相当才有可能构建持久稳定的关系。任何新产品的理想出发点是客户（需求）。
- 验证独特卖点的真伪最直接简单的办法就是用客户的支付意愿做标尺。如果客户愿意为某个产品支付溢价，那就说明这个产品的独特卖点是真实存在的。
- KANO 模型（见图 3-3、图 3-4、图 3-5）可以协助产品经理进行产品设计和独特卖点确定。
- 有多种定价方法可以帮助我们获取客户的支付意愿：
  - ✓ 定价沙盘（见图 3-6、图 3-7）
  - ✓ 价格敏感度测试（见图 3-8、图 3-9）
  - ✓ 价格断裂点模型（见表 3-1、图 3-10、表 3-2）
  - ✓ 联合分析法（见图 3-11、图 3-12）
  - ✓ 价格实验（见图 3-13）

- 虽然不同企业在制定定价方案时需要考虑到企业自身情况，但是应始终遵循从粗到细的原则。典型的新产品定价流程涵盖了9个步骤（见图3-14），按照这9个步骤可以系统地走完新产品定价流程。
- 市场总是充满意外与变数，即便是最精密的模拟模型也无法预测所有的未知数。我能给予所有产品经理的最佳建议是：细心倾听市场的真实声音，根据这些事实采取果断有效的行动。
- 如果产品很普通，那么价格就应该定低（如果你还想推出的话）；如果产品很独特，那么价格就应该定高。
- 只有当新产品具备显著的规模效益潜力时，主动采取高价值、低价格组合策略才有意义。Costco就是采取这种策略的典型。

THE PRICING COMPASS

第 4 章

与时共进

如果公司已经度过了初创阶段，并且业务在不断扩大，该如何调整定价呢？首先，你应该深入挖掘客户画像。让我们以一家 SaaS 公司为例。经过多年的努力，该公司已经在市场上取得了一席之地，进入了一个相对舒适的区域。该公司一直沿用最初的定价方式，仅做了一些微调，这种做法并不利于业务的持续发展。

该公司的产品分为三个级别——入门级、进阶级和专业级，每月价格分别为 19 美元、39 美元和 59 美元。每个级别提供的功能不同，以满足不同客户的需求。从使用率来看，40% 的客户选择了入门级，25% 的客户选择了进阶级，35% 的客户选择了专业级。目前该公司的月 ARPU[⊖]值为 38 美元，较多客户选择了最便宜的入门级产品这一情况并不理想。合理的客户分布应呈类似钟状的曲线，即大多数客户选择中间级别，而较少客户选择两侧。如果选择入门级的客户所占比例过高，这可能意味着入门级配置过高，导致客户缺乏升级到更高级别的动力。

经过深入研究发现，客户的需求与支付意愿之间存在不一致的现象，这表明目前的产品级别和定价结构可能不是最理想的。部分客户可能为不需要的功能支付了过高的费用，而其他客户则可能因为缺乏所需功能而支付了过低的费用。那么，如果我们更改了产品级别和定价结构，会产生怎样的影响呢？表 4-1 揭示了更改后的影响。

表 4-1　SaaS 产品更改产品级别和定价结构前后对比

级别	当前		新	
	价格	客户占比	价格	客户占比
入门级	$19	40%	$19	25%
进阶级	$39	25%	$29	35%
专业级	$59	35%	$49	25%
白金级			$89	15%

	当前	新	差异
ARPU 值	$38	$40.5	7%

⊖ ARPU（Average Revenue Per User），是衡量电信运营商及软件业务收入的关键指标。它通过计算平均每个客户带来的收入来反映运营商的业务收入水平。在电信以及软件行业中，ARPU 值的高低被视为衡量业务发展健康程度的重要指标之一。

我们可以在不增加公司成本的前提下，对各级别的功能进行调整，并增加一个具备新功能的最高级别：白金级。在此过程中，其他因素保持不变。如此一来，ARPU 值将提升 7%，而且由于新的产品级别和定价结构更具吸引力，该公司还能赢得更多的潜在客户。值得注意的是，由于成本并未发生改变，这 7% 的收入增长将完全体现在公司的净利润上。如果公司的净利润率为 20%，那么这次调整将使净利润增加 35%。这是不是很令人心动？那么，我们要如何才能系统化地实现这一目标呢？首先，我们应该对当前的客户群体进行深入的评估。

4.1　客户画像

所有成功的公司，在创业的初期，都以服务某个特定客户群体的需求为使命。其初始的产品和定价结构是为此而设计的，但这样做并非一劳永逸，需要不断更新迭代。这是因为，随着时间的推移，早期采用者（Early Adopter）可能会提出公司无法预见的一些新需求，而产品开发后期添加的功能也可能会吸引新客户。这种情况并不罕见，因为在这个日新月异的时代，唯一不变的就是变化。

定期更新客户画像，有助于公司了解这些变化，以优化公司的产品。因为这样做可以减少客户流失，而客户流失通常源于对产品不满意或购物体验不佳。研究表明，获取新客户的成本是留住老客户成本的五倍。虽然获取新客户可以增加公司的客户数量，但是留住老客户才能让客户生命周期价值最大化（Optimove，2023）。

常见的客户画像有以下四种（Evans，2021）。

1. 人口特征画像

这大概是人们最熟悉的客户画像了。它从客户的年龄、性别、收入、婚姻状况、教育水平等方面对客户进行描述。

2. 地理分布画像

这种客户画像不言自明，简单易懂。然而，除非我们能找到有效地差异化处理地区群体需求的方法，否则它可能毫无用处。

3. 心理特征画像

这种客户画像深入探究目标客户的习惯、爱好、兴趣和生活目标，为我们提供了对客户心理和思维方式的深入理解。这有助于我们找出与目标客户产生共鸣的最佳方式。

4. 消费行为画像

了解客户在整个旅程中的行为是至关重要的，例如通过

AIDA 模型[1]追溯客户旅程。消费行为分析的重点在于识别客户的购买和参与或使用模式，这有助于我们更好地理解客户的需求和偏好。

上述这些客户画像并不互相排斥。虽然第一种客户画像可能是大多数人提到客户分析的第一反应，但是愈来愈多的公司开始委托咨询公司进行全面的客户画像调研和分析。如何解读调查数据，对客户画像分析的质量起到了决定性作用。

传统的客户画像分析假设：客户的个人情况（以人口特征画像为主，地理分布画像为辅）和生活态度（以心理特征画像为主）可以预测他的偏好和购物行为（指消费行为画像）。然而，这种假设是有问题的，因为客户的个人情况或生活态度与购物行为之间的相关性充其量只是一种推测。因此，这样得到的客户细分的有效性值得推敲。从客户细分推导出的细分市场，往往因相似之处太多而难以实现有效区分；有时又会因不同之处太少而无法区别对待。在这样的情况下，客户细分沦为一种营销手段，流于表面，缺乏实质。华而不实的细分市场标签（例如，“思想开放的自由灵魂”或“深思熟虑的价值追求

[1] AIDA 为意识（Awareness）、兴趣（Interest）、欲望（Desire）和行动（Action）的英文缩写，AIDA 模型可以用来追溯客户旅程，是一个经典的营销模型（Hanlon，2023）。

者”等）无法帮助我们找到那些能够创造真正价值的措施。毕竟，对一个大都市里 60 岁的已婚男人和一个小县城里 30 岁的离异精致女性来说，某个产品的价值感知和使用场景有可能都是一样的。

为了进行有效的客户画像分析，首先需要确定是否存在独特的使用场景。因为使用场景揭示了客户的价值感知信息和支付意愿，这是最为关键的。一个使用场景具有三个特征，每个特征背后都暗藏公司可以采取的措施。

- **核心**：客户喜欢或不喜欢产品的哪些功能。
  措施：产品优化，功能调整。
- **理由**：了解客户希望解决哪些问题。
  措施：价值传播、价格调整。
- **旅程**：探究客户如何了解产品信息，在哪里购买产品，以及哪些因素会影响他们的购买决策。
  措施：营销预算和销售策略优化。

要将基于使用场景的特征分析付诸实践，最简单的方法是定期进行客户调查，以便随时了解客户的最新动态。调查问卷的设计不必复杂，只要涵盖上述关键问题即可。此外，建议定期进行面对面访谈或焦点小组讨论，以便进行更深入的探讨。

4.2 差异化定价

在公司初创阶段，产品经理应把工作重点放在尽快推出最简可行性产品（Minimum Viable Product，MVP），以引起早期采用者的共鸣，尽快打开销路。定价策略的选择也应遵循同样的原则，产品的定价通常简单明了，没有任何附加条件。然而，随着产品变得越来越复杂，想要满足客户多样化的需求，定价必须随之调整，现在是时候考虑差异化定价了。

正如本章开头的 SaaS 产品案例所示，差异化定价可以迅速提高收入和利润。例如，新增的白金级产品将极大地推动收入和利润的增长，贡献了新 ARPU 值的 33%[⊖]，是对新 ARPU 贡献最高的选项。

图 4-1 展示了差异化定价的威力。其中，图 4-1a 为统一化价格的收入和利润，图 4-1b 为差异化价格的收入和利润。简单起见，我们假设运营成本为零（请记住，这是一个重要的假设）。阴影部分中的深灰底代表两种定价方案下的利润，浅灰底为收入。

⊖ 在假设方案中，总 ARPU 值为 40.5 美元，白金级产品 ARPU 值为 13.35 美元，在所有级别中收入份额最高。

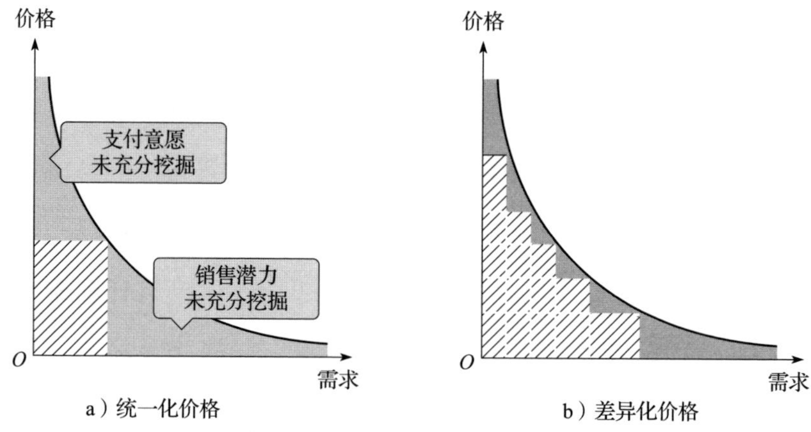

图 4-1 统一化价格和差异化价格

一方面，实行统一化价格便于操作，创造的利润呈矩形。显然，单一价格点使得价格需求曲线未得到充分利用，仍有相当大的潜在利润区域未被发掘。另一方面，实行差异化价格更复杂，但也会获得相应的经济回报。在采用了多价格点并行的策略后，公司可以更好地挖掘价格需求曲线下的利润空间，使得利润从矩形变成了阶梯形。在理想情况下，转为差异化定价后，利润有望翻倍。

与此同时，公司需要区分价格歧视和价格差异。价格歧视在很多国家都是非法的，因为它意味着客户要为同样的产品支付不同的价格，有违公平原则。然而，只要卖方能够通过产品差异来证明价格差异的合理性，差异化定价在大多数情况下是能够被接受的。我们日常生活中差异化定价的例子比比皆是。

下面就让我们来看三个不同领域的例子。

1. 汽车产品

汽车制造商精于产品的包装策略。它们不遗余力地提供各式各样的装饰组合或套餐，充分挖掘消费者差异化的支付意愿。无论是为豪华车或性能车驾驶者打造的个性化功能包，还是琳琅满目的精品配件，都将这一策略体现得淋漓尽致。在内燃机时代，复杂的包装策略是一项被普遍接受的行业惯例。

随着汽车电动化时代的来临，这一传统受到了挑战。生产新能源车的新势力的产品结构通常更加简洁，一目了然。特斯拉无疑是这一趋势的引领者，中国新势力车厂深以为然，在初创阶段纷纷效仿。然而，随着市场竞争的加剧，这些新势力也开始逐渐丰富它们的产品线。它们意识到，只有提供更多个性化的产品配置选择，才能转换更多的消费者剩余价值。这种趋势的出现，可能是由于消费者对于车辆的需求逐渐多元化，不再仅仅追求简单的交通工具，而是希望拥有更加个性化的汽车配置所致。

差异化定价的理由：消费者对汽车的配置有不同的偏好和支付意愿。

2. 航空服务

航空业在差异化定价方面一直走在前列。为了满足不同旅客的需求，几乎所有提供全方位服务的航空公司都至少提供三种不同等级的座位：经济舱、商务舱和头等舱的座位。然而，为了进一步利用差异化带来的机会，许多航空公司甚至会在经济舱和商务舱之间额外增加一个“夹层舱”，这使得旅客有更多的选择。

有趣的是，对于什么是“夹层舱”，业界并没有一个统一的定义。这为各家航空公司提供了极大的创意空间，使得它们在命名上能够别出心裁。其中最为人们所熟知的可能是超级经济舱（Premium Economy Class），这种舱位在经济舱和商务舱之间，提供了一个相对舒适的中间选择。除此之外，你还可能听过如 Premium Plus 或 Economy Plus 等说法。不仅命名不同，各家航空公司对“夹层舱”的定价逻辑也是千差万别。

差异化定价的理由：不同旅客对于同一条航线的预算会有所不同，尤其是商务旅客和休闲旅客之间存在显著差异。

3. 零售品牌

许多大型连锁商超企业除了销售众多知名品牌产品，还销售自己的专属品牌产品。这些品牌通常被称为白牌（White Label）或自有品牌（Private Label）。这些自有品牌借着零售商的声誉，以其物超所值的特点赢得了许多消费者的喜爱。与知名品牌的同类产品相比，这些自有品牌的产品在质量上不相上下，但价格却更加亲民。自有品牌产品是商超企业收入和利润的重要来源，消费者也可以从多元化的选择中受益。

一些自有品牌采用与商超企业品牌一样的名字，例如奥乐齐（ALDI）和 REWE；另一些商超企业则选择起一个全新的名字。其中最知名的一个例子是 Kirkland。据报道，Kirkland 为 Costco 带来了四分之一的总收入（Nesbit，2023），成为 Costco 的重要的品牌支柱。许多消费者甚至会为了购买 Kirkland 的产品而特意光顾 Costco。

这时差异化定价的理由：部分消费者更加重视产品的功能而非品牌。

在上述例子中，差异化定价表现为不同的价格水平。例如，一辆配置更好的汽车价格要高出 5000 美元；从上海飞往法兰克福的航班商务舱的价格是经济舱的四倍；Kirkland 厨具套装的价格要比德国知名品牌便宜 20%。但差异化定价仅此而已吗？不，差异化定价并不止步于价格水平。价格水平指的是你将收取多少费用，这仅仅是差异化定价的一个角度，另一个或许更为关键的角度是重新思考价格参数，这与如何收费有关。

举例来说，米其林轮胎开发了一种新型轮胎。尽管其使用寿命比旧产品要长 25%，新产品的定价却几乎不可能比旧产品高出 25%。这是因为米其林轮胎的客户大多数是运输车队，它们通常预算紧张，对价格变化极为敏感。因此，如何定价才能与产品价值匹配成了一个让人头疼的难题。米其林轮胎最终采取的解决办法是改变收费模式。具体来说，新产品不是采用传统的一手交钱一手交货的交易型定价模式，而是改用按实际使用里程付费的定价模式。这种新型的定价模式更好地将客户获得的价值与其必须付出的代价（价格）结合起来。客户按里程支付轮胎使用费，如果新轮胎的寿命像米其林轮胎所宣称的一样比旧轮胎延长了 25%，米其林轮胎将自动获得 25% 的溢价奖励。

这并不是一个零和游戏，米其林轮胎和它的客户们都能从新的定价模式中受益：只有当卡车在路上行驶时，客户才会被收取轮胎使用费。从业务规划和控制的角度来看，这也是有利的（Simon，*Confessions of the Pricing Man*，2015）。尽管差异化定价有许多好处，但也存在风险，即价格污染。当支付意愿较高的客户能够以较低价格购买满足他们需求的产品时（换言之，消费降级），就会发生端格污染。从客户的角度来看，他们可能因选用低端产品带来的价值感降低而蒙受损失，也可能因为不再被过度服务或多付费而从中受益。无论是上述哪种情况，价格污染都会导致利润流失，这对企业来说并不是什么好消息。我们需要解决这个问题。

4.3 修建围栏

在营销术语中，防止价格污染的机制被称为“围栏”。如图 4-2 所示，企业修建围栏的目的是设置障碍，鼓励客户继续选择高端产品，同时阻止他们转而选择低端产品。

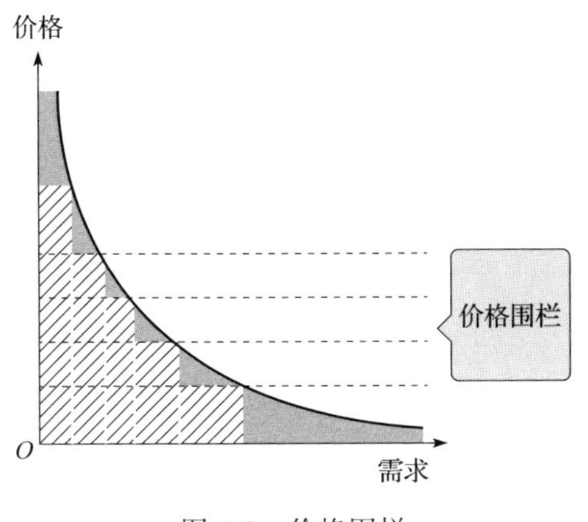

图 4-2　价格围栏

正如“围栏”一词所暗示的，在价格之间筑起绝对的防火墙几乎是不可能的。聪明的客户总能找到绕过围栏的方法。虽然围栏允许例外情况出现，但是产品经理还是应该努力修补围栏，并不断开发出新的修建围栏的技巧。从客户的角度来看，围栏可以是好的，也可以是坏的，有时甚至是丑的。

4.3.1 好围栏

好围栏让客户有自由的选择空间，无须企业过多干预，是对客户最为友好的围栏类型。客户在围栏对面怡然自得，因为不论身处何处，他们都能得到周到的服务。在这种理想状态下，企业无须采取任何特别手段来引导客户。

对企业而言，似乎这一切都显得异常简单，因为好围栏的存在与否似乎都没有关系。实际上，为了实现这一理想，企业在前期需要付出更多的努力来完善产品配置设计。在 3.2 节中介绍过的 KANO 模型就可以用来做产品配置设计。

让我们简单回顾一下 KANO 模型。按照 KANO 模型的定义，我们可以将产品功能或者特征分为必备型、预期型、兴奋型、无感型以及杀手型五类。企业在创业初期以生存为首要目标，通常会瞄准偏同质化的客户（即早期采用者），为他们提供相对同质化的产品。随着时间的推移，客户群体会因为使用偏好和支付意愿的差异自然而然地分化成不同的阵营，催生出不同的使用场景和差异化的客户细分群体。在这样的大背景下，虽然对差异化的使用场景做一刀切的平均化处理既容易又便利，但是未免自欺欺人。很明显，使用一个 KANO 模型来囊括所有的客户情况已经不适用。新出现的客户细分群体已经自成一体，对所谓的必备型、预期型、兴奋型产品功能或者特征已经有了不同的期待。因此，产品经理应当考虑针对不同客户细分群体采用不同的 KANO 模型。如果我们能摸清这些情况，并据此设计相应的产品配置，确实也就没有必要设置围栏了。

4.3.2　坏围栏

如果客户需要费心费力地绕过围栏，那么这道围栏对客户来说就是一道坏围栏，是一种阻碍。它给客户带来了较高的机会成本，成本效益分析的结果因人而异。对那些拆除围栏的成本大于收益的客户来说，尽管他们欣赏围栏对面的美景，但仍会选择留在原地不动。

快餐店根据客户对价格的敏感度使用优惠券来区分和招揽客户。早些年的优惠券都是纸质的，消费者可以以优惠的价格购买优惠券上指定的产品。随着智能手机的广泛普及，优惠券已在大多数情况下实现了数字化。虽然外在形式发生了改变，但是其底层工作原理并没有变化。

现如今，几乎每个使用智能手机的消费者都能轻松地从微信、支付宝小程序或各商家的自有 App 上获取电子优惠券。之前搜索优惠信息，收集纸质优惠券的麻烦早已不复存在。数字化使优惠券更加普及，使得所有消费者都可以无差异地享受优惠券带来的福利。然而，为什么麦当劳、肯德基等商家仍乐此不疲地提供优惠券呢？这是因为优惠券起到了客户消费身份证的作用，它表明了消费者对价格的敏感度。有些客户去快餐店是因为等待时间短，而有些客户则是因为价格低廉。前者不太看重价格，买的是心安和方便；后者则会更关注各种优惠和促销活动。前者往往是忠实客户，后者更可能因为价格而改变选择。前者不会在就餐前特意花时间去找优惠券；后者则会检查优惠券再决定去哪家餐厅（或者在特定餐厅选择点什么东西吃）——优惠券是纸质的还是电子的对他们来说无关紧要。

虽然有些客户认为使用优惠券是一件麻烦事，影响了他们的购物体验，但是优惠券对有些客户来说却是好事，他们乐于用非金钱的努力换取实实在在的金钱利益。从餐厅经营者的角度来看，如果提供优惠券能为餐厅带来更大客流，那么使用优惠券就是明智的选择，更何况价格敏感的客户进行冲动型消费可能还会创造额外的收入和利润。

4.3.3　丑围栏[㊀]

客户在试图越过丑围栏时会有非常糟糕的体验，因为企业可能会采取极端措施来确保客户远离围栏。下面就是这样的一个例子。

㊀ 好、坏、丑的说法源自《黄金三镖客》(*The Good, the Bad and the Ugly*)。

早在 1849 年，法国工程师朱尔斯·杜普伊（Jules Dupuit）就意识到了丑围栏的重要性。当时，火车上的三等车厢没有安装顶棚。他解释说（Dupuit，1849）："这并不是因为铁路公司缺少加装顶棚需要的那几个法郎。铁路公司这么做的目的是阻止那些能够支付二等座票价的乘客乘坐三等座。这显然不利于只能买得起三等座车票的穷人，但这一举措的初衷并非要伤害他们，而是为了防止富人捡便宜。"

以前，电信运营商为了将高价值客户锁定在高价格套餐会设置各种人为障碍，包括规定长达 12 个月至 24 个月不等的合同期限等。即使客户的通信需求在合同期内发生了变化，也无法降级选择价格较低的套餐。他们必须等到合同期满后才能更改套餐。但是，如果客户想升级到价格更高的套餐，则通常没有这种限制，他们在合同期内也可以随时升级。在这种情形下，围栏的工作机制类似单向阀，可上不可下。这种围栏在短期内可以起到保护 ARPU 的作用，但长期来看最终会损害电信运营商自己的利益。在现有合同到期之后，客户终于可以更换套餐了，但是之前因为合同限制被强制一直选择高价格套餐的客户很可能不会选择同一家电信运营商价格更低的套餐，而是转投别家。随着时间的推移，电信市场的竞争越来越激烈，电信运营商们纷纷采取一种新的做法，事实上打破了彼此的丑围栏：电信客户不但可以为现有的电话号码选择新的电信运营商，而且可以从后者那里获得因为提前终止原合同的补偿。这样一来，试图锁住客户的合同限制便失去了意义。事实上，所有的丑围栏都只能维持一时而不会长久，因为它们最终会破坏买卖双方之间的关系。没有信任和缺乏善意的关系注定是短命的。

4.3.4 双向门

至此我们探讨了三种不同的围栏。它们之间并非相互排斥，相反地，它们作为多层防御体系的一部分被企业同时使用。现在，让我们将目光转向“好、坏、丑”之外的一种特殊的围栏——“双向门”。在此之前，我们主要探讨了围栏的防御性质，其目的是阻碍客户消费降级。然而，双向门为吸引客户消费升级提供了新的可能性。

这是一个真实的故事。不久前我在上海遇到了一位正在那里度假的德国同事。闲聊时，我问起她从法兰克福到上海的旅程是否顺利。她兴奋地告诉我，她幸运地（或者说莫名其妙地）被免费升舱到了商务舱，客户体验非常美妙。航空公司的好意得到了回报。她说她再也回不去经济舱了，她打算回程的时候自己出钱升舱。从来都是由奢入俭难啊！当来自低等舱的旅客重新审视他们的成本－效益等式并上调效益系数时，划分经济舱、商务舱和头等舱的好围栏就会突然间变得更美好。

需要注意的是，利润增量的幅度会随着价格差异化程度的增加而递减，边际效益递减定律在这里同样适用。对企业来说，修建围栏不是没有代价的。这就意味着，产品经理和定价经理得想办法找到一个最佳的价格差异化水平。事实上，买卖双方都应不断进行成本效益分析，以确定他们该如何应对围栏。

4.4　价格弹性

价格弹性是一个复杂且微妙的话题。我将从四个方面对价格弹性进行阐述，以提供给读者一个全面的视角，论述侧重点在于价格弹性的实践意义而非纯理论。

4.4.1　概念

通俗来讲，价格弹性表示当企业将价格降低（或提高）一个百分点时，产品的销量会相应增加（或减少）多少个百分点。销量增加的原因可能是更多的潜在客户选择购买该产品，也可能是现有客户购买了更多的产品，或者两种情况同时存在。价格弹性的定义式为：

$$E_d = \frac{\partial Q}{\partial P} \times \frac{P}{Q} \qquad (1)$$

式中，$\partial Q / \partial P$ 是价格 - 反应函数 $Q = Q(P)$ 的一阶导数，Q 是销量，P 是价格（Yang，*The Pricing Puzzle*，2020）。

4.4.2 相关性

我们在第 3 章介绍了揭示真实支付意愿的重要性。客户支付意愿是科学定价的基石，掌握客户支付意愿可以帮助企业获得竞争优势。价格弹性与支付意愿紧密相关，是定价方法中的王牌。如果知道自己产品的价格弹性，就可以找到能帮助你实现利润最大化的价格，或者实现其他任何财务目标的价格。接下来让我们看一些与价格弹性相关的重要公式（Barkley，2023）。注意：本书涉及的所有复杂公式将密集地出现在本章。了解这些公式有助于帮助我们更好地了解定价的理性这一面，所以值得花时间来研究一下。

边际收入（MR）与价格弹性（E_d）之间存在一种对定价有用的关系。它是通过对总收入（TR）函数求一阶导数得到的。我们使用的是微积分中的乘积法则。根据乘积法则，包含两个函数的等式的导数等于第一个函数的导数乘以第二个函数，加上第二个函数的导数乘以第一个函数：

$$\frac{\partial(yz)}{\partial x}=\left(\frac{\partial y}{\partial x}\right)z+\left(\frac{\partial z}{\partial x}\right)y \qquad (2)$$

我们将乘积法则用于求出总收入函数的导数。对具有一定市场支配力的企业来说，价格可以视作销量的函数。结合 $\mathrm{MR}=\frac{\partial \mathrm{TR}}{\partial Q}$ 以及式（1），我们可以得出以下结论：

给定 $\mathrm{TR}=P(Q)Q$，则

$$\frac{\partial \mathrm{TR}}{\partial Q}=\left(\frac{\partial P}{\partial Q}\right)Q+\left(\frac{\partial Q}{\partial Q}\right)P$$

即 $\mathrm{MR}=\left(\frac{\partial P}{\partial Q}\right)Q+P$

接下来，我们在等式两边同时乘以并除以 P：

$$\mathrm{MR}=\left[\frac{\left(\frac{\partial P}{\partial Q}\right)Q}{P}\right]P+P=\left[\frac{1}{E_d}\right]P+P=P\left(1+\frac{1}{E_d}\right)=P+\frac{P}{E_d}$$

当边际成本（MC）与边际收入相等时，利润达到最大化，即：

$$\mathrm{MC}=\mathrm{MR}=P+\frac{P}{E_d}$$

将等式重新排列后可以得出关于利润率的式（3）：

$$\frac{P-\mathrm{MC}}{P}=-\frac{1}{E_d} \qquad (3)$$

这是一个很有用的公式。如果价格弹性和边际成本已知，就可以推算出实现利润最大化的价格，前提是该产品能为客户提供某种独特的价值。如果该产品是大众化商品，产品供应商仅是价格接受者，不能支撑有竞争力的价格，这就又另当别论了。

4.4.3 局限性

在我看来，想要发挥式（3）的神奇效用，最主要的障碍之一是价格弹性并非一成不变。与成本不同，价格弹性更加动态，如流水一样。为了更好地说明这一点，我们可以观察以下三条不同类型的需求曲线（Yang，*The Pricing Puzzle*，2020），如图 4-3 所示。

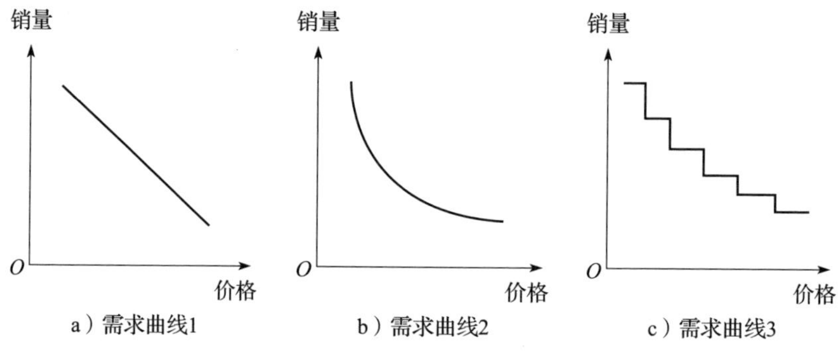

图 4-3 三条不同类型的需求曲线

你可能还依稀记得在大学的经济学课堂上曾经看过需求曲线 1。这是一条典型的需求曲线，价格与销量之间呈现完全线性的关系。然而，这种线性关系并不意味着价格弹性始终保持不变。事实上，随着价格上升，价格弹性也会随之增加。

在图 4-3b 中，我们可以观察到在价格水平较高的情况下，销量变化随着价格水平提高而逐步放缓；在价格水平较低的区域，价格变化会带来大幅的销量变化。这背后的原因可能是选择高价位段产品的消费者通常对价格不那么敏感，而选择低价位段产品的消费者由于财力有限，会更在意价格的变化并相应地调整他们的购买行为。在需求曲线 2 上价格弹性保持恒定。

在大多数情况下，呈阶梯状的需求曲线 3 可能更能反映大多数人熟悉的现实情况。需求曲线 3 显示，价格与销量之间的关系并非连续的线性关系。价格需求曲线是由多个不同的分段组成的。在某一价格区间内，销量会保持平稳，价格变化对销量几乎没有任何影响；一旦价格超过某个区间的上限，销量就会急剧发生变化。换言之，我们可以认为在每个价格区间内的价格弹性无限接近于零。

需求曲线 3 给我们的启示是：产品经理和定价经理必须认识到不同价格区间以及相应的价格阈值对销量的影响。这对制定促销策略有着特殊的影响，因为促销价格只有突破原价格区间，达到一个较低的价格区间时才有机会有效地刺激销量增长。如果忽略了这一点，那么投入的资源可能会白白浪费掉。因为如果促销价格与原价格在同一价格区间内，价格弹性为零，对销量的拉动几乎没有任何作用。我们将在第 5 章进一步讨论促销相关话题。

上述三条需求曲线在一定程度上代表了价格弹性曲线，但这并非全部。对价格决策来说，价格弹性是需要考虑的一个关键要素。在运用价格弹性时，我们必须谨记价格弹性是一个动态的变量，而不是一个静态的常量。过去的经验或许适用于现在的价格决策，但更多情况下不再适用。

4.4.4　应用

想要应用价格弹性，我们首先需要获取价格弹性数据。许多产品经理和定价经理都渴望拥有一个价格弹性数据库，我也怀揣着同样的梦想。这样的数据库将使我们的工作变得更加轻松便捷。然而据我所知，目前并没有这样的数据库，将来也不太可能会有。事实上，其他公司的价格弹性数据对我们没有任何实质性的帮助。我们必须耐心地搭建属于自己的价格弹性数据库。

历史数据是获取价格弹性数据的一个重要来源。举个例子：在初始阶段，价格和销量都是 100，我们一共观察到四次

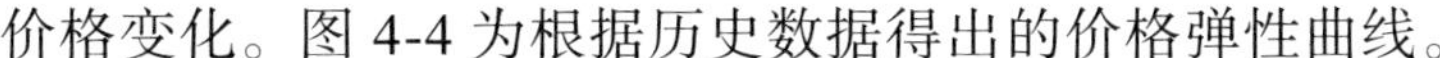
价格变化。图 4-4 为根据历史数据得出的价格弹性曲线。

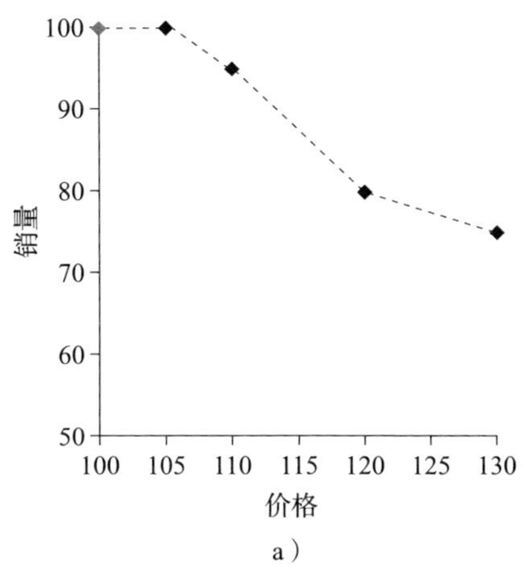

a）

价格	销量	价格弹性
100	**100**	—
105	100	0
110	95	−0.5
120	80	−1.0
130	75	−0.8

b）

图 4-4　价格需求曲线和根据历史数据得出的价格弹性

我们首先注意到，当价格上涨 5% 时，销量并未发生任何变化，这对企业来说无疑是个好消息。当价格上涨 10% 时，客户开始有所反应。当价格点处于 110、120 和 130 时，销量均下滑，我们可以计算出对应的价格弹性分别为 −0.5、−1.0 和 −0.8。[一]在图 4-4a 中我们可以清晰地看到价格需求曲线。

那么，我们可以从历史数据中发现什么呢？

（1）5% 是一个安全涨幅，因为客户会接受涨价而不是转身离开。

[一] 我们在这里计算的价格弹性是点弹性，初始价格水平和销量水平的指数均被定义为 100。

（2）一旦价格上涨 10% 或更多，企业就必须做好销量下滑的心理准备。

（3）在 5% ～ 30% 的价格变化范围内价格弹性适中，这表明该产品具备一定的竞争力。

如果我们加入成本数据，计算上述价格方案对应的收入和利润，就可以得到更多启示，结果如表 4-2 所示。

表 4-2　价格调整的财务影响

价格	销量	价格弹性	收入	成本	利润
100	**100**	—	**10 000**	**9 000**	**1 000**
105	100	0	**10 500**	9 000	1 500
110	95	−0.5	10 450	8 550	1 900
120	80	−1.0	9 600	7 200	2 400
130	75	−0.8	9 750	6 750	**3 000**

注：边际成本保持不变，为 90。

鉴于当前价格弹性，当价格定为 105 时，企业将实现收入最大化；在价格为 130 时，利润达到最大。虽然数据中没有价格上涨超过 30% 的情况，但是如果价格真的上涨超过 30%，很可能导致销量大幅下降。如果我们的目标是利润最大化，那么 130 应该非常接近最优价格。

如果你对历史价格、销量以及成本有着很好的了解，那么进行这种分析就会相对容易。这种分析非常适合高周转率的产品，但对长尾产品来说存在一个问题：在许多企业中，很多备件类别的 SKU[㊀]在一年中只出货几次的情况很常见。一家精密机械制造商或一家 MRO[㊁]分销商可能拥有数百万个这样的 SKU。在极端情况下，一些周转率极低的产品可能一年都卖不出去几件。由于数据稀缺，进行任何基于历史数据的价格弹性分析都将面临挑战。一个可行的变通方法是将同质长尾产品归类为一个同质产品组（Homogeneous Product Group，HPG）进行数据分析。我们假设，具有某些特征的产品属于同一价格弹性级别。

除此之外，我们在进行任何基于历史数据的分析时，都需要注意我们通常有一个隐含假设：我们观察到的销量变化都是由价格变动引起的。遗憾的是，这一假设通常不成立。例如，销量会由于季节性因素而波动，与价格没有任何关系。在厘清价格变化与销量变化之间的相关性之后，任何不可预见的事件都可能成为影响分析结果的噪声——这是一个无法回避也无法简单解决的难题。虽然市场中的某些事件是不可预见的，但是竞争对手的反应在一定程度上是可以预测和分析的。我们可以采取一些统计方法来降低数据噪声对结果的影响。同时，我们也必须清醒地认识到基于历史数据的价格弹性预测难以做到尽善尽美。

㊀ SKU 即库存单位。

㊁ MRO 即维护、修理和运行。

产品经理和定价经理需做好应对不确定性的准备。市场调研是一种交叉验证历史数据分析结果的有效方法。3.3 节中提到的揭示支付意愿的方法也可以用于推导价格弹性。例如，定价沙盘练习和根据历史数据得出价格弹性关注的是同一个问题：如果我们改变价格，销量会发生什么变化？前者基于专家意见，后者基于历史数据，理想的做法是将两者结合起来。在定价沙盘练习中，复盘过往的价格变动结果是讨论的良好起点。我们最关心的是，历史上的价格决策是在什么情况下做出的，以及彼时影响价格变动结果的变量。对过去事件深入了解，将显著提高当前价格变化对销量影响估算的质量。

值得注意的是，有一个因素我们无法从历史数据分析中得知，那就是竞争对手的反应，这是一个对价格决策有重大影响的未知因素。如果所有主要竞争对手都一起调整价格，那么我们就会在涨价时受益、在降价时受损，原因很简单：竞争对手的反应是我们定价决策的调节器。充分了解竞争行为对定价决策起着至关重要的作用。

从方法论角度来看，基于联合分析法的模型是模拟客户偏好和竞争对手的反应对销量影响的理想工具。在联合分析法的帮助下，我们可以重构需求曲线，解析几乎所有情况下不同价值和价格组合对应的价格弹性。遗憾的是，正如 3.3.4 节所述，企业在运用联合分析法时会遇到不少挑战。

当利用价格弹性进行定价决策时，我们必须认识到价格弹性对以下条件极为敏感。

- **价格水平**。不同的价格水平对应的价格弹性可能会有所不同，特别是当价格调整超过价格临界点时。我们要注意不同价格水平下的价格弹性变化（参见图 4-3 中三种不同类型的需求曲线）。
- **客户的反应**。我们所说的价格弹性很多时候其实是一个整体概念。事实上，不同的客户群体对相同的价格变化可能产生不同的反应。因此，我们需要考虑制定针对不同客户群体的差异化价格策略。
- **竞争对手的反应**。竞争对手对价格弹性的影响是显著的。如果竞争对手与我们同向调整价格，价格弹性可能会被中和。这对希望通过价格促销提高销售额的企业来说是不利的。
- **对外沟通**。价格促销需要及时让客户知晓，以充分发挥其潜力。同时，企业必须避免被竞争对手发现进行了促销，这需要谨慎地平衡。

最后，到目前为止，我们讨论的价格弹性都是“直接弹性”。其实还有一种被称为“交叉价格弹性”的价格弹性，它衡量的是一种产品的需求或销量对另一种产品价格变化的反应。如果一家企业的产品组合中存在大量可替代产品，那么对交叉价格弹性的了解与运用就变得格外重要。以一家小吃店为例，当老板将烤香肠的价格从 4 元提高到 4.5 元时，销量会下降。然而我们仔细思量的话，可以发现那些对烤香肠涨价不满的客户有两种选择。

选择 1：去其他地方购买烤香肠。

选择 2：购买小吃店里的其他食品，比如售价 5 元的汉堡包。在烤香肠涨价的情况下，汉堡包会显得更具有吸引力。

在这个例子中，如果烤香肠价格上涨 12.5%，而汉堡包销量增加 10%，则交叉价格弹性为 0.8。需要注意的是，交叉价格弹性通常为正值。不难看出，获取和应用交叉价格弹性的方法与直接价格弹性相同，因此不再赘述。

4.5　本章小结

- 客户的需求往往会随着时间的推移而变化，并且是多样化的。
- 定期更新客户画像，有助于公司了解客户需求变化，以优化公司的产品。因为这样做可以减少客户流失，而客户流失通常源于对产品不满意或购物体验不佳。
- 常见的客户画像有四种，即人口特征画像、地理分布画像、心理特征画像和消费行为画像。
- 为了进行有效的客户画像分析，首先需要确定是否存在独特的使用场景。因为使用场景揭示了客户的价值感知信息和支付意愿，这是最为关键的。
- 一个使用场景具有三个特征，每个特征背后都暗藏公司可以采取的措施。
  - √ **核心**：客户喜欢或不喜欢产品的哪些功能。
  - √ **理由**：了解客户希望解决哪些问题。
  - √ **旅程**：探究客户如何了解产品信息，在哪里购买产品，以及哪些因素会影响他们的购买决策。
- 随着产品变得越来越复杂，想要满足客户多样化的需求，定价也需要朝差异化的方向发展。
- 差异化定价存在价格污染的风险。相应地，企业应设置障碍（围栏），鼓励客户继续选择高端产品，同时阻止他们转而选择低端产品。

- 从客户的角度来看，围栏可以分成三种。
  - ✓ **好围栏**：好围栏让客户有自由的选择空间，无须企业过多干预，是对客户最为友好的围栏类型。
  - ✓ **坏围栏**：如果客户需要费心费力地绕过围栏，那么这道围栏对客户来说就是一道坏围栏，是一种阻碍。它给客户带来了较高的机会成本，成本效益分析的结果因人而异。
  - ✓ **丑围栏**：客户在试图越过丑围栏时会有非常糟糕的体验，因为企业可能会采取极端措施来确保客户远离围栏。
- 除了上述三种围栏之外还有一种特殊的围栏——“双向门”。双向门为吸引客户消费升级提供了新的可能性。
- 利润增量的幅度会随着价格差异化程度的增加而递减。对企业来说，修建围栏不是没有代价的。这就意味着，产品经理和定价经理得想办法找到一个最佳的价格差异化水平。
- 价格弹性是价格管理中一个特别重要的概念。如果了解了价格弹性和成本信息，就能找到最优价格。
- 价格弹性表示当企业将价格降低（或提高）一个百分点时，产品的销量会相应增加（或减少）多少个百分点。
- 价格弹性更加动态，如流水一样。常见的需求曲线有三种类型，对应不同的价格弹性（见图 4-3）。
- 不存在通用的价格弹性数据库。事实上，其他公司的价格弹性数据对我们没有任何实质性的帮助。我们必须耐心地搭建属于自己的价格弹性数据库。

- 为了计算价格弹性，我们可以进行历史数据分析并辅以第 3 章中介绍的市场调研方法。
- 交叉价格弹性衡量的是一种产品的需求或销量对另一种产品价格变化的反应。如果一家企业的产品组合中存在大量可替代产品，那么对交叉价格弹性的了解与运用就变得格外重要。

THE PRICING COMPASS

第5章 复杂定价管理

随着业务的持续增长，价格管理也变得越来越复杂，因此需要管理层特别关注以下几个定价问题。

5.1 驾驭复杂性

在初始阶段，定价的目的是实现产品、市场、价格匹配。然而，随着公司的成长和产品的成熟，产品组合变得更加丰富，客户群体也变得更加多元化。因此，公司需要制定更多的定价决策，定期调整更多的价格点。如果缺乏适当的维护，定价机制可能会失控，这不仅体现在定价过程的过于简化上，还体现在定价管理的结果中。

5.1.1　ABCD 分析

我们可以通过 ABCD 分析了解当前的价格质量。这种分析方法最初源于库存管理，A、B、C 和 D 按递减顺序代表了产品对收入贡献的重要性。我们可以通过以下两步来进行分类。

第一步，以过去 12 个月的收入为依据，将产品按照收入从高到低排序（当然，你也可以选择其他合适的时间段），构建一个包含产品 ID、产品名称、产品收入和收入占比的简单电子表格，这样就可以清晰地展示每个产品的收入贡献。

第二步，添加第五列来计算产品的累计收入份额。累计收入份额为 50% 的产品将被归类为“A”，累计收入份额为 25% 的产品将被归类为“B”，累计收入份额为 20% 的产品将被归类为“C”，而剩余处于底部的产品则归类为“D”。这样分类能够帮助我们清晰地了解各类产品对总收入的贡献程度，从而更好地进行价格质量分析。图 5-1 是对 ABCD 分析的直观描述，通过这张图，我们可以更清晰地了解不同类别产品贡献的收入份额。

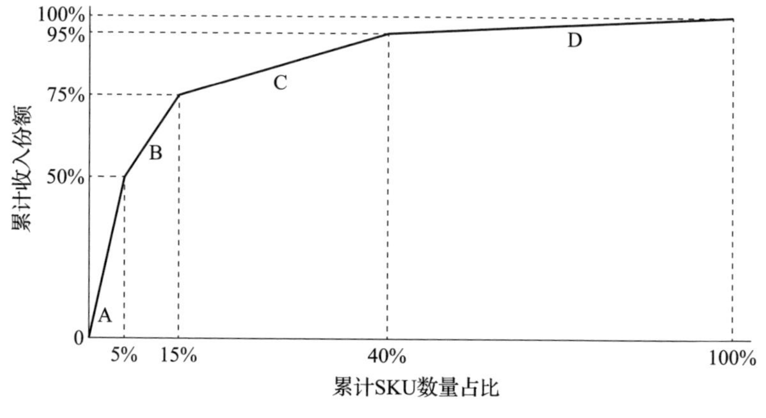

图 5-1 ABCD 分析

将成本信息纳入 ABCD 分析，可以为我们带来更深入的洞察。表 5-1 为 ABCD 深度分析的典型案例。

表 5-1 ABCD 深度分析

类别	收入份额	SKU 数量占比	平均利润率
A	50%	5%	31%
B	25%	10%	29%
C	20%	25%	30%
D	5%	60%	30%

表 5-1 展示了各类产品的几个关键指标。按照 ABCD 分析的分类原则，这四个类别的收入份额分别为 50%、25%、20% 和 5%。每个类别的 SKU 数量占比一目了然，大致遵循 80/20 规则。我们可以从表 5-1 最后一列中找到有关价格质量的线索。A 类和 B 类产品属于高周转率的头部产品，预计面临更激烈的

竞争；C 类和 D 类产品可大致视为长尾产品，市场曝光度较低，面对的竞争压力较小。如果竞争对手之间的成本结构没有显著差异，那么 C 类和 D 类产品的利润率理论上会更高，但现实情况显然并非如此。通常情况下，产品从 A 类到 D 类的利润率会逐渐升高。我们有理由怀疑该企业可能在定价上存在纰漏。

我们可以通过一个简单的计算来展示价格优化的影响。以目前的状况来看，产品的加权平均利润率约为 30%。如果我们提高 B 类到 D 类产品的价格，同时保持 A 类产品的价格不变，整体利润率将提高到 32% 左右。详细数据如表 5-2 所示。

表 5-2 基于 ABCD 分析的价格优化

类别	收入份额	SKU 数量占比	平均利润率（旧）	价格上涨幅度	平均利润率（新）
A	50%	5%	31%	0	31%
B	25%	10%	29%	4%	32%
C	20%	25%	30%	5%	33%
D	5%	60%	30%	8%	35%
加权平均			**30%**	**2.4%**	**32%**

尽管涨价存在一定的风险，但仍有尝试的价值。价格优化主要涉及那些处于客户和竞争对手视线边缘的产品，因此风险相对较小。同时，涨价无须企业投入额外成本即可获得可观的财务回报。假设企业的年收入为 1 亿元，销量不变时带动收入增长 2.4%，那么价格调整将带来 240 万元的回报。

当企业向不同的客户群体销售同质化程度较高的产品时，我们可以运用与产品 ABCD 分析逻辑相通的客户 ABCD 分析。我们可以合理地推断，A 类客户虽然对营收贡献较大，但利润率较低；D 类客户虽然对营收贡献较低，但利润率应该会较高。

5.1.2 系统化产品分类

我们可以通过 ABCD 分析发现定价的不一致性，并从中寻找简单直接的解决方案。为了确保价格质量的可持续管理，我们需要一种系统化的产品分类方法作为差异化定价的基础。图 5-2 总结了一种典型的产品分类方法，即把产品组合分为三类：重点产品、旗舰产品和长尾产品。

产品类别	重点产品	旗舰产品	长尾产品
定价角色	维护价格形象 并引导客流	坚持价值主张，同时 保持健康的盈利能力	确保足够的盈利能力
定价方法	竞争导向	价值驱动	基于算法
更新频率	高	定期	定期

图 5-2 系统化的产品分类和定价

重点产品在市场上具有极高的曝光度，备受客户青睐，常常成为购买的首选。因此，客户对这类产品的价格变动和替代产品都有深入的了解。重点产品往往充当着流量驱动角色，对吸引新客户和创造与现有客户的交叉销售机会都起到了关键作用。这类产品的定价策略往往是紧随竞争对手，将价差维系在一个较小的区间里，以吸引客户。根据客户的价值感知，重点产品的价格可以高于、低于竞争对手产品的价格，或与之相同。企业自身的品牌和价格定位也会对此产生影响。重点产品的价格会经常进行更新，具体间隔时间很大程度上取决于企业所处的市场环境。以亚马逊为例，据统计其每天会有超过 2.5 亿次价格变动，平均每 10 分钟产品价格就会变化一次（Curling-Hope，2022）。然而，需要注意的是，频繁的价格波动并不能保证带来更好的经济效益。

旗舰产品具有独特的优势，这些优势源于其无可比拟的产品功能或令人瞩目的外观设计。这将给予企业更大的定价自由度。旗舰产品适用价值定价的黄金法则，即价格与价值应该相匹配。企业希望旗舰产品能维持一个健康的利润率，以便为市场运营和产品研发提供充沛的资金。由于市场上的竞品无法完全替代企业的旗舰产品，因此产品的定价对竞争对手的依赖程度相对较小，基于产品价值的定价占据主导地位。然而，密切关注竞争对手的动向仍然至关重要，尤其是在新产品开发方面。客户偏好的转变将对企业的产品设计和定价产生深远影响。为了确保企业的定价策略始终与市场动态保持一致，需要定期进行价格审计，至少每年一次，甚至更频繁。如果旗舰产品的价格与客户对产品价值的感知相符，且产品的成本没有发生显著变化，那么企业可以保持原有价格策略不变。

长尾产品在营收中所占比例最小，所以往往被客户、竞争对手甚至企业自己忽视。相应地，它们在价格管理中受到的关注也很少，通常是被顺带处理的，甚至无人问津。事实上，长尾产品是利润潜力的宝库。以汽车行业为例，随着竞争日益激烈，不管是汽车主机厂还是第三方经销商，都在因为新车销售难以赚钱而苦苦挣扎。汽车行业正在走上打印机行业的老路——厂商主要靠消耗品（如喷墨墨盒）赚钱，而不是靠耐用消费品（如打印机）赚钱。

事实上，汽车制造商和经销商在很大程度上已经高度依赖售后业务来维持盈利。在零配件相关业务中，维修保养以及销售机油滤清器、空气滤清器和轮胎等易损件是收入贡献的大头，但竞争也异常激烈，市场价格透明度高，利润率持续压缩。对主机厂来说，这些重点产品的定价空间极为有限，因此利润潜力多来自长尾产品，因为客户对这些产品了解较少，市场上也缺乏替代产品。因此，汽车配件中长尾产品的利润率能够达到 50% 以上也并非个例。

长尾产品定价面临的首要挑战是，由于需要管理的 SKU 数量巨大，大大超出了人工管理的极限，这时就需要采用一种定价算法，按照一定的预设规则自动为长尾产品定价，这些规则包括但不限于最低利润要求、与指定的竞品组合相比的目标溢价或折扣。目前市场上有很多长尾产品定价软件，需要注意的是，软件对实现目标有很大帮助，但它不能也不应该为你确定目标。

说到这里，你可能会问应该遵循什么方法进行产品分类。这是一个很好的问题，但很遗憾我没法给出一个标准答案。不过，好消息是这件事其实并不复杂，我们凭借常识就能找到解决问题的思路。

重点产品是那些交易频次高的产品。产品的周转率越高，就越有可能被定义为重点产品。旗舰产品自带光环，应该不言而喻。毕竟，它们是企业的基石，确定它们应该不费吹灰之力。否则，企业将面临一个更大的问题：企业（希望它）的代表产品是什么。按照 ABCD 分析，重点产品和旗舰产品主要为 A 类和 B 类产品。长尾产品很可能与 C 类和 D 类产品相吻合，它们的周转率要低得多，购买它们的客户较少，可与之比较的竞争对手的替代产品也较少。

5.2　优化促销

在《定价之谜》（*The Pricing Puzzle*）的《盛名不堪之重》（The Burden of Fame）一文中，我对那些经常被零售商大幅打折的大品牌表示了同情。这些品牌在频繁的促销活动中，形象受到了损害；客户对此却并不领情，因为他们对促销已经习以为常；最糟糕的是，作为促销的发起者，零售商并没有从促销中获得任何好处，因为促销并没有为它们创造额外利润。

现实是，促销活动无处不在，因为企业希望借助促销刺激销售。我们在上一章中讨论了价格弹性的话题：如果所有的竞争对手都打折，那么降价就不会带来额外的销量，因为客户会认为降价是理所当然的。随着时间的推移，许多不同行业的企业被促销活动绑架——不是因为促销是正确的事而做，而是因为大家都在做而不得不做。

虽然促销在 B2C 领域仍然有其存在意义，但是对大多数工业企业来说，参与促销通常并不是一个明智的选择。客户可能会因为一时的冲动购买商品——尽管他们事后可能会后悔。在制造业，需求在中短期内是相对固定的。这意味着，与消费品不同的是，工业品的促销会导致囤货行为，最终可能对企业产生不利影响：今天的销售额可能增加了，但代价是牺牲了未来的销售额。从净现值[㊀]的角度来看，这是一种得不偿失的行为。在净现值的计算中，未来销售额的贴现率被当下给予客户

㊀ 投资期内所有未来现金流的总和折算成的现值。

的折扣率代替。在大多数情况下，折扣率会显著高于贴现率，导致净现值降低——这会造成企业价值（Enterprise Value）下降。工业企业应该远离促销，把促销这个令人头疼的问题留给零售商。

你或许听说过，促销可以有多种目标，例如吸引新客户、增加收入、增加商店客流量、创造更多利润、奖励客户忠诚度、去库存等。这些目标听起来都很合理。其中有些目标是短期的，有些则是长期的；有些目标是切实可行的，有些则不那么容易实现。其实无论目标是什么，评价促销效果的最终标准应该是它是否有助于企业获得更多的利润。然而，想要判断准却非常困难，因为影响促销效果的外部因素太多了。事实上，许多零售商光是确认促销带来的增量销售额都很难，更不用提增量利润了。

要评估促销效果，我们首先需要确定在没有促销活动情况下的基准销售额。虽然我们无法将基准销售额精确到小数点后两位，但是一个基于历史数据的合理推测应该是可行的。增量销售额是促销期间销售额与基准销售额之间的差额。

增量利润的量化要复杂得多，这需要一系列的额外数据，包括促销费用（含实际折扣和广告费用）、供应商提供的资金、促销引起的囤积造成的未来销售损失、额外的物流和管理费用等，还要考虑蚕食效应以及产品组合内的交叉销售效应。虽然分析技术的进步降低了工作难度，但是企业仍然无法完全做到精确量化增量利润。

尽管前面说了这么多，但我们必须接受这样一个事实，即无论我们（或我）喜欢与否，促销都是当今任何零售企业都无法回避的一个话题。因此，我们真正需要回答的问题是：如何才能更好地利用促销实现利润增长？它可以分为三个问题来解答：哪些客户适合促销？哪些产品适合促销？如何设计有效的促销活动？需要注意的是，以下阐述的是以增加销售额和利润为目标的促销活动。降价销售、清仓销售和其他目标的促销活动不在讨论范围之内。

5.2.1 哪些客户适合促销

企业期望客户能够进行消费。当促销活动能够有效地推动客户进行消费时，这将为企业带来可观的回报。因此，首先我们要深入探讨促销活动的目标客户。通过一个简单的 2×2 矩阵，我们可以从购物者类型和预算这两个维度对客户进行分类（见图 5-3）。

忠诚购物者倾向于选择同一家零售商作为他们的主要购物场所。相反，精明购物者则会关注其他零售商，他们心中有一份按产品类别排列的首选零售商名单。一旦替代品的性价比感知发生变化，他们就会改变自己的购物路线。考虑促销活动的目标客户时，企业需要充分理解这两种购物者的行为模式和消费习惯。通过精准的目标市场定位，我们可以提高促销活动的效率，从而更有效地推动客户进行消费。这将有助于企业实现更好的投资回报率。

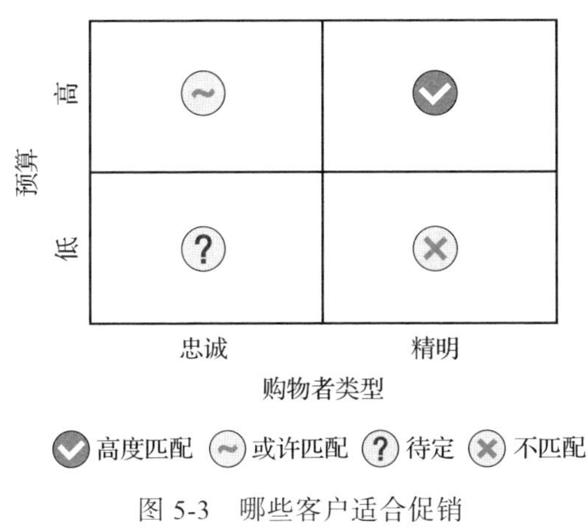

图 5-3　哪些客户适合促销

消费预算是价格敏感度的风向标，富裕的客户有高预算，他们的价格敏感度较低；经济拮据的客户通常预算低、价格敏感度高。企业的促销活动可以从预算高的精明购物者身上获得更好的投资回报。如果能吸引预算高的忠诚购物者尝试产品组合中的新产品，那么商家也应考虑将他们纳入促销活动的目标客户。

对预算低的忠诚购物者来说，尽管他们消费意愿较强，但销售潜力有限。针对这类客户的促销活动效果可能并不理想。针对预算低的精明购物者的促销活动更是会白费力气，因为他们往往会持观望态度，随时准备寻找更好的选择。企业将他们转化为忠诚购物者或让他们在促销活动之外购买更多产品的可能微乎其微。因此，我建议企业远离这类客户，以免浪费资源。

为了选择合适的促销活动对象，我们需要进行识别和分类。对客户进行分析并将其分配到矩阵的单元格中是识别过程，而分类则更具挑战性，需要允许或拒绝某些客户群体参与促销活动。这时就需要进行区分和修建围栏。

德国商超巨头历德（Lidl）为我们提供了一个值得借鉴的例子。其客户忠诚度计划 Lidl Plus 的会员可以在每次购物的时候根据消费金额获取价值不等的优惠券。这些优惠券必须在规定时间（通常不超过一周）内兑换使用。这种机制设计对预算高的精明购物者最有吸引力，这使他们变得更加依赖 Lidl。只有客户认为他们得到了公平对待，这种策略才能奏效，毕竟精明购物者总是在寻找优惠的机会。

5.2.2 哪些产品适合促销

在选择进行促销的产品时，零售商的决策将对结果产生重大影响。这一问题可以从客户和零售商的角度来审视。从客户的角度来看，他们更容易接受知名的国内或国际品牌。零售商则追求增加正向投资回报的可能性，因为促销的利润率越高，零售商在促销中获得正向投资回报的可能性就越大。这两种观点对于促销的本质产生了影响，这一影响在图 5-4 中得以反映。

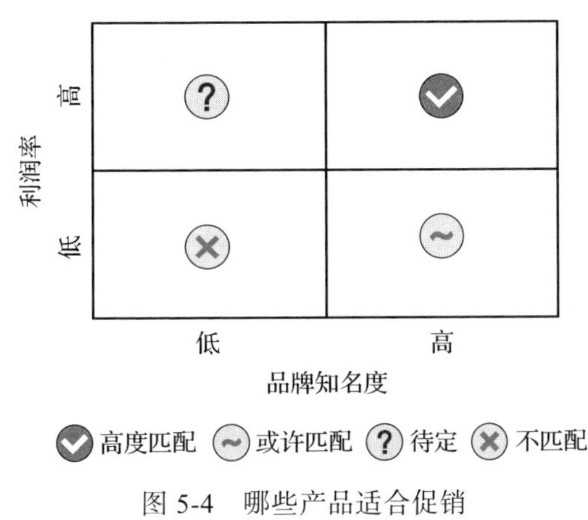

图 5-4　哪些产品适合促销

在矩阵的右上角，我们找到了能共同满足零售商和客户的区域，即为客户提供知名品牌产品的同时，零售商也能获得正向投资回报。然而，现实往往并非一帆风顺。有时，零售商不得不探到矩阵的右下角，考虑采用知名度高但利润率低的产品进行促销。通常，这是因为这些品牌的产品对客户来说具有强大的吸引力。如果被这些特价产品吸引来的客户又购买了利润率较高的产品，商家算总账的话还是有利可图。

被纳入这种亏本促销策略中的产品称为“亏损领导者”

（Loss Leader）。连锁商超常常选择知名品牌的咖啡、饮料和零食等产品作为亏损领导者。因为这些产品都是日常必需品，客户对其价格信息十分熟悉。这些知名品牌的产品进行促销更容易引起客户的注意。以较低价格购买到了知名品牌产品带来的喜悦感会溢出，成为冲动购买计划外产品的动力，并提高购物预算。

亏损领导者的存在解释了德国主要的连锁商超 REWE 和 Lidl 等为何会对百味来（Barilla）和品客（Pringles）等品牌进行频繁的大幅折扣促销。REWE 和 Lidl 故意使用知名品牌产品作为亏损领导者，以吸引客户更频繁地光顾。归根结底这是在进行客户感知管理。如果客户相信在某家连锁商超会有好福利在等着他们，那么他们对这家店的关注度或忠诚度就会提高。这种促销带来的好处在过去很难衡量，但如今随着数字化技术的日渐成熟，企业在技术上具备了对诸如此类促销效果进行追踪的可能性。

有时，供应商会为促销活动提供补贴，尤其是当它们期望从竞争对手手中夺取更多市场份额的时候。在这种情况下，原处于矩阵右下角的产品将升至右上角，这对零售商和消费者而言是一种双赢的局面。供应商将用于促销补贴的资金视为一项营销投资，而非抵扣销售额的折扣损失。因为补贴被划归为更长期的投资类别，供应商为促销活动提供资金也更容易自洽。

然而，当参与促销的供应商是一个相对不知名的品牌时，那就另当别论了。我们知道促销很有可能会造成亏损。如果是选择非知名品牌的产品来做促销，很有可能无法激起客户的兴趣，对其他产品的销售无明显刺激作用。这样一来，促销的利润牺牲就失去了意义。因此，这些非知名品牌产品不是亏损领导者，而是亏损失败者（Loss Loser）。客户不仅不会感激，反而会觉得商家缺乏诚意而敬而远之。尤其是当非知名品牌产品本身已经在低利润区域徘徊时，参加促销活动更非明智之举。根据 ABCD 分析（参见图 5-1 和表 5-1），A 类和 B 类产品更适合促销，选择 C 类和 D 类产品促销通常不是个好主意。

总而言之，促销活动是一场竞赛，产品是否具备参与促销活动的资格主要有两个评判标准：第一，它必须来自一个知名度高、具有吸引力的品牌；第二，它必须具备良好的利润率或者得到供应商的补贴。在明确目标客户与产品后，我们现在来探讨如何设计有效的促销活动。

5.2.3 如何设计有效的促销活动

促销设计是一项颇具挑战性的任务，有些专家专职只做这一件事。为了取得理想的促销效果，我们必须对目标客户和我们想要达到的目标有着清醒的认识。一个好的促销策略与定价一样，应该根据每个细分市场的特点进行有针对性的策划。制定策略需要参考的维度包括但不限于产品偏好、购物预算、信息渠道等。显然，如何设计有效的促销活动是一个非常复杂的话题。为了能让读者在短时间内的阅读带来的效益最大化，我们将集中讨论设计有效的促销活动中最重要的两个方面。

第一个方面是复杂性。促销活动可以达到的复杂程度超出了普通消费者的想象。有一家老牌消费品公司的成熟定价团队创造性地设计了 12 种不同类型的促销活动：价格折扣、买一送一、样品免费、小样馈赠、优惠券发放、礼品积分等，不一而足。要全面熟悉所有这些促销活动的目标客户和希望起到的作用很有难度。然而，复杂性还不止于此。还记得我提到过细分市场差异化的重要性吗？足智多谋的定价团队通过研究发现了八个不同的客户细分市场，每个细分市场都对不同的促销活动表现出了不同程度的偏好。因为并非所有促销类型都适用于所有细分市场，最终这家公司的促销活动矩阵中出现了 80 多种促销活动。这还仅仅是促销活动设计的基础，因为每项促销活动在落地时都还需要确定不同的产品和传播渠道。在每年的重要购物节日来临之际，定价团队还需要额外精心策划一些特别的促销活动。

如果一家公司有多项促销活动同时展开，状况可能会变得更混乱不堪。如果没有高超的分析能力，可能会出现双输的局面：客户对混乱的促销活动感到困惑甚至恼怒；零售商失去了对促销的控制——不知道发生了什么，不知道是怎么发生的，只能去猜测。不能掌握真实情况对公司来说是个坏兆头。

以大家耳熟能详的“双十一”为例。早年受美国的“黑色星期五”启发，淘宝创造了“双十一”购物节。很快，后者就在商品交易规模和对消费者购物行为的影响方面远远超越了前者。每年“双十一”购物节的序幕大约提前一个月就会拉开，各种预售活动层出不穷。“双十一”当日各种促销活动更是令人眼花缭乱。平台和商家的各种促销活动的排列组合令消费者应接不暇。一个购物节慢慢演变成了数学节。于是有这样一个笑话：谁要想在“双十一”购物节中享受到最佳的优惠组合，必定是个数学学霸才行。

“双十一”购物节的促销活动渐渐成了电商巨头之间互相碾压，要求商家选择独家站台和/或全网最低价保证，并要求商家配合提供相应的促销资金支持。凡此种种，成了业界常态。与此同时，消费者不堪重负，本应该快乐的购物却因为过于复杂的促销活动变成了不那么快乐的麻烦事。

我是一个厌恶麻烦的人，也是 KISS 原则[⊖]的拥趸。所谓 KISS 原则，是美国海军在 1960 年首次提出的一个设计原则。

⊖ Keep It Simple，Stupid！

KISS 原则指出，大多数系统的最佳工作方式是保持简单，而不是将其复杂化，因此，简单应该是一个关键的设计原则，应该避免不必要的复杂化（Wikipedia，2023）。简单对每个人都有好处——易于理解、易于参与、易于评估……我们觉得复杂的东西可能会很完备，但复杂的东西并不一定优越。我对促销的看法是，促销战略应根据需要尽可能控制复杂程度，能简则简。2019 年，“双十一”购物节促销的花样很多，消费者不满导致投诉激增，甚至很多媒体对此现象进行了报道。从那时起，促销花里胡哨化这件事终于有所收敛。与此同时，不少精明的消费者也发现许多商家会在大型促销活动之前提高标价，以便为之后的降价创造更多空间。一般消费者花了不少心思谋算折扣，到头来其实还是没有逃脱商家的五指山，这些所谓的优惠大多数是镜花水月，空欢喜。

第二个方面与时机选择有关。如果你去拜访中国任何一家大型消费品公司的营销团队，我敢打赌他们都能向你展示一份密密麻麻的促销日历，上面列出了一年中所有的促销活动。一年中有哪个月是没有促销活动的吗？那一定是十三月了。

让我们来回顾一下一年中促销的时机吧。每年的促销从一月的元旦开始。二月有情人节和春节[1]；三月有国际劳动妇

[1] 农历节日对应的公历月份或有变动，下同，不再额外说明。

女节；四月有清明节；五月有劳动节；六月迎来一波年中小高潮，有儿童节、端午节、父亲节、高考（高考后送礼和开展庆祝活动很常见），最后是重量级的“6·18”购物节；七月和八月是暑假时期，是旅游和购物的好时节。夏季的重头戏是被某些人称为“中国情人节”的七夕节。在九月，人们庆祝教师节和中秋节。进入十月，全国将欢度国庆佳节和重阳节。然后就是一年中最重要的购物节“双十一”。在一年的最后一个月，全国人民迎接冬至，而许多年轻人选择与心爱的人一起庆祝圣诞节，告别一年好时光。这还不包括一些相对不重要的时机，但已经足够营销人员忙活的了。试想，如果每家零售商都按照这样的促销日程表开展促销活动，那么促销活动的吸引力势必会减弱，甚至消失殆尽。因为消费者根本就不会有饥饿感——“这个月错过了促销活动没关系，下个月促销还会打着新的旗号再次出现。”

过于频繁的促销活动会给零售商带来两个负面影响。第一，促销活动不再能刺激需求，消费者对促销的热情和购买意愿逐渐降低甚至消失。第二，价格标签失去了它的价值信号作用，因为频繁的促销让消费者更加关注促销价格，也就是“实际价格”，而一直变化的“实际价格”很难向消费者传达一致的品牌形象。久而久之，促销活动赖于立足的根本不复存在，这样不如不做。

那为什么还有很多企业执着于进行促销活动？我认为，缺乏有别于竞争对手的竞争手段是一个主要原因。如果企业不跟随竞争对手开展促销活动，就有可能失去留住客户和收入所需的曝光度。然而，这是一个公平的竞争环境，仅靠低价很难形成可持续的战略。企业要想长期生存，就必须在各个方面超越竞争对手，不仅仅在价格上，更要在价值上。

亚马逊的“订阅和节省”（Subscribe and Save）计划将常规促销活动做出了新意。通过设定定期送货时间，亚马逊客户可以通过“订阅和节省”获得购物优惠。从尿布、牙膏到狗粮，客户可以选择成千上万种日常用品。如果同一个地址一次收到5件及以上产品，最多可节省15%的费用。每次送货前，亚马逊都会向订阅者发送一封提醒邮件，显示即将送出的商品、价格和任何适用的折扣。根据订单处理时亚马逊网站上的商品价格，商品价格可能会降低或提高，这项服务可随时更改或取消（Amazon，2023）。

“订阅和节省”的操作过程简单流畅，并让客户无后顾之忧。据称，此计划没有任何隐藏费用，价格透明，给了客户一切尽在掌握之中的良好感觉。“订阅和节省”形成了一种习惯循环，强化了客户的好感。这就是**习惯的力量**（The Power of Habit）。建议对这个话题感兴趣的读者阅读查尔斯·都希格（Charles Duhigg）的同名著作。只要稍加思考，我们就不难发现“订阅和节省”可能并没有为亚马逊创造额外的客户需求。然而，通过预先锁定客户的未来需求，亚马逊有效地阻断了来自竞争对手的促销，不失为高招。图 5-5 描述了如何设计有效的促销活动。

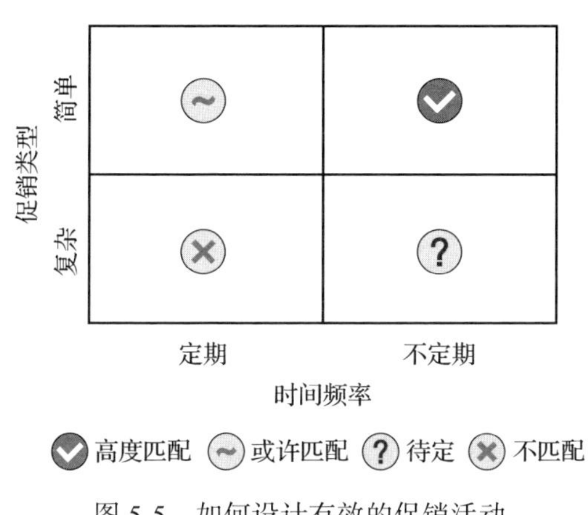

图 5-5　如何设计有效的促销活动

为了实现提高收入和利润的目标，简单而不定期的促销对零售商来说最为有利。亚马逊的“订阅和节省”属于简单而定期的促销，位于矩阵的左上角。我喜欢这种简单的促销方式，然而，经常促销会最终削弱其对收入和利润的影响。

在进入下一个话题之前，我想捎带谈一下促销设计中一个很多企业都会关心的问题：促销需要多大的激励力度才有效？换句话说，零售商应该给客户多少折扣才能取得好的效果？简而言之，感知价值比实际折扣更重要。关于这个问题，你可以在 5.7 节中找到更多线索，该节深入探讨了消费者心理及其对定价（包括促销定价）的影响。一般而言，在降价超过一个临界点之后，客户并不会变得更高兴。根据我的经验，获得折扣的喜悦通常会在降低 30% 左右开始消退，这符合收益递减的规律。折扣过大可能会引发客户对品牌质量和零售商定价诚信的担忧，对知名高端品牌而言尤为如此。

5.3 分销定价

5.3.1 分销模式是否过时

直销是当今时代的潮流。几十年来，通用汽车、丰田汽车和大众汽车等巨头一直依靠第三方经销商向客户销售汽车并提供售后服务。特斯拉打破了汽车的传统销售模式，开创性地使用了直销模式，成为汽车行业的一股清流。2023 年 9 月，特斯拉是全球市值最高的汽车制造商。排名第二的丰田汽车的市值不到特斯拉的三分之一，通用汽车和大众汽车的总市值仅为特斯拉的七分之一（Yahoo Finance，2023）。

特斯拉的成功部分归功于其独特的直销模式。直销模式使特斯拉能够直接与客户接触，收集第一手信息。蔚来、小鹏汽车和理想汽车等中国电车新势力都采用了类似的模式。

随着时间的推移，老牌企业迫于压力，纷纷试水新型销售模式。2020 年，大众汽车推出了一种被称作“代理模式”的新型销售模式，即客户直接向制造商订购汽车，经销商只充当中间代理的角色，并不直接参与销售。这家总部位于沃尔夫斯堡的汽车制造商在 2021 年的欧洲经销商大会上宣布，大众汽车将大力推行这种新型销售模式（Randall，2021）。从定价的角度来看，代理模式与直销模式极为相似，制造商可以规定零售价格，经销商则根据车型赚取固定比例的佣金。

当整个汽车行业似乎都准备好接受直销模式时，小鹏汽车在 2023 年 9 月宣布将逐步用经销商模式取代直营模式。小鹏汽车董事长兼首席执行官何小鹏在小鹏汽车 2023 年第二季度业绩电话会议上表示，小鹏汽车将加快招募合作伙伴的速度，以实现在中国二线及以下城市市场份额的快速扩张。经销商拥有丰富的渠道资源和充足的建店资金，可以帮助小鹏汽车减轻管理自有门店的财务和运营负担，快速拓展大都市圈以外的市场（Zhang，2023）。几乎在同时，蔚来和吉利旗下的电动汽车品牌极氪也先后宣布了与经销商合作的计划，以加快在中国二三线城市的发展。不仅如此，中国汽车制造商进入欧洲市场时也通常会与当地经销商集团合作。例如，小鹏汽车和长城汽车与欧洲最大的汽车经销商集团埃米尔福莱（Emil Frey）建立了战略合作伙伴关系。

关于直销模式与第三方分销模式孰优孰劣的争论尚未尘埃落定。最有可能出现的情况是，在不久的将来，这两种销售模式将继续并存，不仅仅是在汽车行业，在其他行业也是如此。直销模式缩短了制造商与客户之间的沟通通道，使制造商能够更快地做出反应，更好地管控品牌形象和定价等。第三方分销模式可以帮助制造商在实现更快增长的同时节省时间和资金。

由于从定价角度看，直销模式与 B2C 零售并无不同。因此我们将在下文中重点讨论分销定价。在分销模式中，大多数国家禁止制造商规定零售价格。相反，他们只能推荐零售价格，即制造商建议零售价（MSRP）。分销商是制造商的延伸部门，在与最终客户有关的所有方面都发挥着重要作用，包括销售、维护客户关系、管理交货、制定价格和谈判。分销定价是管控和激励分销商的重要手段。

5.3.2 从定价角度管理分销商

管理分销商并非易事，尤其是当制造商需要与不同分销商合作，覆盖不同渠道或地区时。制造商与分销商之间、不同分销商之间都存在天然的利益冲突。归根结底，这一切都归结为一个终极问题：如何公平地分蛋糕？定价管理是分销管理中关键的一环，它不仅可以帮助企业更公平地分蛋糕，㊀如果使用得当的话，还有助于各方一起把蛋糕做得更大。

分销中定价管理的主要抓手是交易条款和条件。一家世界领先的电气公司拥有复杂的产品组合，而且还处于持续增长通道中。该公司有两个主要销售渠道：大客户由直销团队管理，而中小客户则由遍布全国的不同规模和成熟度的分销商提供服务。这家公司的管理层认为，他们对大客户业务的各方面情况比较清楚，因为公司只有十几个大客户，而且大家已经有多年的业务往来，基本上已经做到知根知底。中小客户的信息透明度并不高。事实上，管理部门在很大程度上需要依赖各家分销商提供情况，而分销商不管是能力还是合作意愿都有很大出入。这家电气公司由于种种原因最近才安装了统一的客户关系管理系统，分销商的数据库还未全部接入管理系统。与此同时，销售副总裁对分销定价管理仍持乐观态度：“我想我们大概做对了 80%。”

遗憾的是，数据似乎并不支持他这个 80% 的假设。图 5-6 为经过脱敏的数据分析结果。图中的每个点代表一个特定地区的分销商。采购金额是该电气公司在过去 12 个月中由各分销商实现的累计净收入。毛利率的计算方法是净收入与销售成本

㊀ 举一个重新分蛋糕的例子：2023 年 11 月 1 日起，贵州茅台上调 53 度贵州茅台酒（飞天、五星）的出厂价格，平均上调幅度约为 20%，例如飞天每瓶差不多上涨 200 元，出厂价上涨到了 1169 元 / 瓶。在终端价格不变的情况下，茅台集团分到了更大块的利润（蛋糕）。

之差除以各分销商的净收入。

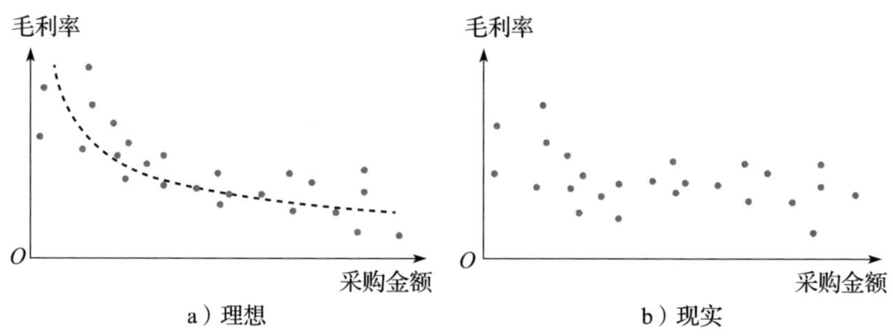

图 5-6 采购金额与毛利率之间的关系

图 5-6a 展现了一种理想的情境：在此状态下，尽管我们还是能观察到一些偏离曲线的异常值，但基本上，分销商贡献的采购金额与毛利率成反比。换言之，采购金额越高的分销商得到的回报就越高，相应地，制造商实现的毛利率越低，这是一种很公平的情况。然而，这种情况公平得过于完美，对制造商来说未必是最佳选择，因为单一变量显然不能解释所有的毛利率水平差异。不过，从整体上来看，这样的采购金额与毛利率的分布关系还是能够支持销售副总裁 80% 的说法的。

图 5-6b 反映的则是实际情况：数据点分散到我们难以画出一条明显的趋势线。分销商的采购金额与贡献的毛利率之间似乎透露不出有在被积极管理的信息。有经验的经理人见到这样的数据分析结果，马上就会意识到这家电气公司的分销定价肯定存在比较严重的问题。

这家电气公司与许多分销商合作已久。从销售经理的角度来看，此前的每一个定价决策都有理有据。以个人视角来判断一个定价决策的合理性总是能自圆其说，然而对公司来说，更重要的是以公司整体视角来横向比较判断针对不同分销商的定价决策的合理性。这就是我们所说的定价一致性（Pricing Consistency）。正如看待一件事情要参考大背景来进行综合评估，定价决策亦是如此。为确保定价一致性，公司总部打破孤岛，创造了一个公平竞争的环境，定期监督和维护分销价格。缺少系统化的管理机制，定价结果早晚会变得像图 5-6b 中展示的那样。修复分销定价体系是费时、费力、费心的事情，会触动不少人的蛋糕，建议谨慎行事。

因此公司在计划招募第一批分销商时，就应该有意识地搭建一个系统化的分销定价体系。这个体系不必一开始就尽善尽美，也不必异常复杂。任何管理体系都是为业务服务的，分销定价体系也不例外。接下来，让我们一起来看一下如何随着业务的发展逐步建立和扩展科学的分销定价体系。

5.3.3　GBB 定价模式

随着业务的推进，分销定价遵循“好—更好—最好”（Good—Better—Best，GBB）的模式演变（见图 5-7）。

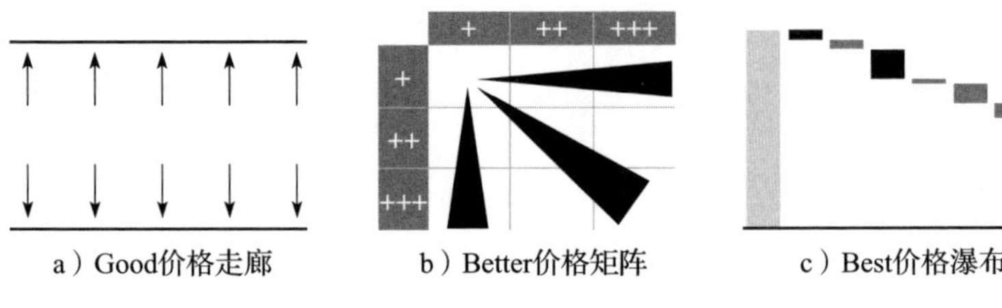

a）Good价格走廊　　b）Better价格矩阵　　c）Best价格瀑布

图 5-7　分销定价之旅：GBB 模式

在开展分销业务之前，制造商需要为分销商设计一个价格走廊，即分销商必须为收到的货物支付的价格区间。这个价格走廊最初的宽度遵循市场惯例，最终取决于与那些愿意承担风险进行分销的分销商谈判的结果。即使在同一行业，分销商与不同制造商合作的利润空间也可能大相径庭。例如，代理苹果手机的利润率通常远低于代理安卓智能手机的利润率。据《经济时报》报道，2018 年，苹果公司将本已很低的分销商代理的 iPhone 利润率又砍去了一半以上，降至 1.7% ～ 2.5%（Kundu，2018）。这一现象告诉我们，产品越独特、越创新，分销商越愿意接受更低的利润率。这是因为独特的产品更有可能为分销商带来新客源，增加交叉销售的机会。制造商如果能够将分销商的利润率控制在较低水平也有助于控价，保持各渠道的定价一致性。这大概也是对企业创新努力的一种正向反馈。

价格走廊下限可被视为企业的生存成本。如果最终客户愿意支付的价格不足以支撑价格走廊下限加上分销商要求的最低利润，制造商就应审视其分销模式，并重新考虑其他选择，例如是否有其他渠道？是否可以采用直销模式？如果这些选择都不能解决问题，那产品经理或许应该反思一个更深层的问题：这个产品是不是真的有前途？

价格走廊上限则是制造商获得定价阿尔法[1]（Pricing Alpha）的机会，这是市场对新产品非凡表现的超额奖励。即使制造商在第一时间并没有发现定价阿尔法，也没有关系。因为阿尔法自带光芒，很难不被发现。观察阿尔法光芒的一个重要途径是观察分销商是不是按照制造商建议零售价向终端客户出售产品。如果他们加价的话，说明产品供不应求，换言之，出厂价（也就是分销商的进价）定低了。2023 年 11 月，贵州茅台调价事件是典型的例子。

产品在市场站稳了脚跟之后，制造商往往需要借助更多分销商的力量来推动进一步的增长。与此同时，定价模式也需要迭代了。一方面，价格走廊已经变得越来越拥挤，无法容纳这么多分销商；另一方面，如同零售中的消费者群体一样，分销商随着业务的拓展也会呈现出多样化态势，简单的一维价格管理已经不再符合业务的现状。此时，构建一个二维的价格矩阵将更好地解决分销商的差异化定价挑战，如图 5-7b 所示。矩

[1] 在这里借用了投资术语里的阿尔法（Alpha）。阿尔法是调整市场波动和随机波动后投资的“超额收益”。

阵中两个维度的选择有一定灵活性，制造商可以根据自身的情况决定。这两个维度的组合将决定各分销商获得的出厂价格或者折扣的高低。

在价格矩阵中，分销商得到的“+”越多，对应的可以从制造商处得到的折扣就越高。现在让我们看一个例子。一家制造商决定使用“客户价值”和“竞争强度”作为价格矩阵的两个维度。一方面，客户价值由一系列量化因素决定，包括年度采购金额、合作年限、最近两年的销售增长率、付款表现等。根据对这些因素的评估，我们可以相对简单地横向比较不同分销商对制造商来说的客户价值。另一方面，竞争强度与分销商销售哪些产品有关，这是一个衡量竞争程度的指标。在数据允许的情况下，可以根据相应产品市场的市场份额集中度来评估竞争强度。另外，我们也可以根据专家判断进行评估，但其基本假设需要在组织内部进行充分验证。在经过必要的讨论和数据分析之后，我们得出了如表 5-3 所示的价格矩阵。

表 5-3 价格矩阵

		客户价值			
		+	++	+++	++++
竞争强度	+	20%	22%	24%	26%
	++	21%	23%	25%	27%
	+++	22%	24%	26%	28%
	++++	24%	26%	28%	30%

在这个矩阵里，分销商适用的折扣范围从 20% 到 30% 不等，折扣率从左上角到右下角呈上升趋势。矩阵里“+”的数量对应客户价值或竞争强度的程度。我们用这个矩阵来决定分销商折扣的基本逻辑是：分销商创造价值更高，面临的竞争更激烈，那么它就应该从制造商处获得更高的折扣作为相应的支持。一些富有想象力的读者可能已经联想到，二维矩阵的原理可以扩展到三维立方体，即通过三个不同的维度去分析价格或折扣。尽管一般人还能理解三维立方体，但任何超越三维的图形已难以在我们常用的二维工作媒体上呈现，使用不便，也不直观。

随着时间的推移，越来越多的分销商加入销售网络，这使得我们在制定分销价格时不得不考虑更多因素。我们该如何迭代分销价格体系？答案是价格瀑布。价格瀑布是价格管理中一种常见的可视化工具，可以很好地囊括和呈现所有价格决定因素。它是一种通用工具，既可用于分销，又可用于零售价格管理。价格瀑布具有良好的延展性和包容性，不仅能分析价格和折扣，还能分析返利等其他价格形式。

折扣（Discount）和返利（Rebate）是分销定价和利润管理中的两个重要组成部分。尽管两者的最终目的都是帮助制造商促进销售，但工作机制却有所不同。折扣是在客户购买时直接扣除的销售减项（直接成本）。因此，折扣通常会出现在每笔交易的发票上。最常见的折扣形式是批量折扣：分销商每次的采购量越大，对应的批量折扣就越高。返利不是在交易当时给予的。相反，制造商只有在分销商当期（通常按季度或年度）完成某些预先约定的目标的前提下才支付返利。折扣通常简单明了，而返利的制度设计则可能会视不同制造商情况变得很复杂和烦琐。图 5-8 展示了 A 和 B 两家分销商的价格瀑布。

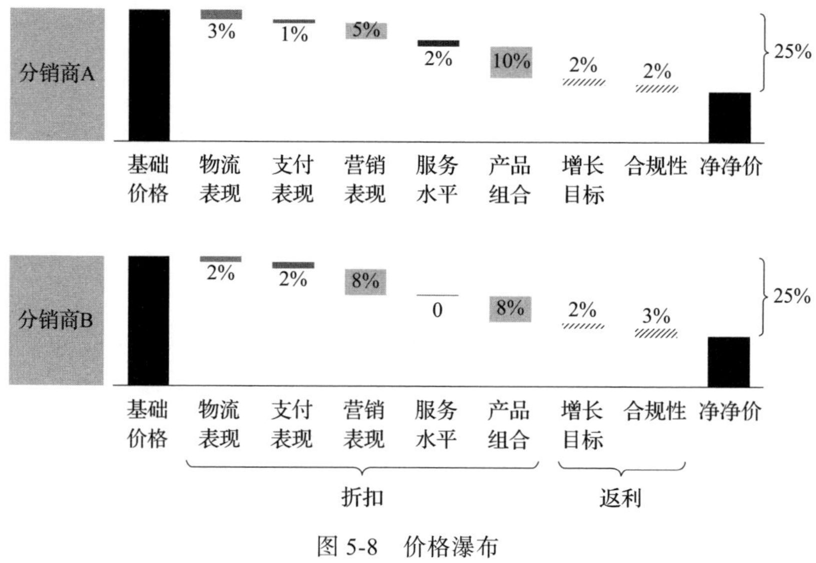

图 5-8　价格瀑布

价格瀑布中的前五个要素是折扣，也就是说其金额会出现在交易发票上。一般情况下，我们将在扣除折扣后得到的价格称作净价。在进一步扣除价格瀑布中的最后两个要素后，我们得到所谓的净净价（也称 2N 价格）。其中第一个返利要素与收入的增长目标有关；第二个返利要素旨在敦促合规，可能与如 ESG[㊀]、IT、安全保障规定等有关。按照之前介绍的返利定义，净净价只有在当期财务结算完成后才计算，并常用来作为衡量分销商业绩的基础。

读者不难注意到图 5-8 中两家分销商获得的实际折扣为 25%。虽然结果相同，但是达到同样价格水平的路径却不同。在分销商 A 的情况中，最大的价格驱动因素是产品组合，这意味着它在推动符合制造商产品战略的产品组合方面表现较好。相对来说，分销商 B 在产品组合方面也做得不错，但在营销表现方面比分销商 A 更优秀。

有趣的是，虽然价格瀑布以价格为名，但是它的用途不仅限于价格管理。通过横向比较不同分销商的价格瀑布，我们可以发现分销商们各自的潜在改进空间。如果分销商 A 想获得更大回报，就应该在营销表现和支付表现方面下功夫；分销商 B 则应在物流表现和产品组合方面寻找改进措施。如果他们有所改进，制造商也会从中受益。这就是为什么分销中定价管理运用得当可以把蛋糕做大。

㊀ ESG 指环境、社会和公司治理。

5.3.4 定价体系迭代背后

每当从原本的条款和体系迭代到一个新的版本时，总会有些赢家受益，也会有些输家失利。新范式取代旧范式，就如同日夜更迭，是不可避免的。显然，我们更容易让得益者接受新的定价体系，因为他们无须做任何改变。实施新的定价体系时，制造商需要根据新体系对分销商的影响进行量化分析。针对那些因范式转换遭到打击的分销商，制造商应当给予适当的辅导与支持，帮助他们完成转型，减少新范式给他们带来的不利影响。

在理想的情况下，下一个预算年度结束时，一些输家能实现华丽转身成为赢家，而那些赢家在新范式下创造了更大价值，与制造商一同把蛋糕做得更大。不可避免地，还是会有分销商无法适应新的体系，成为大输家。这些分销商都是被淘汰的候补者。辩证地来看，这是商业环境中的自然选择，对制造商来说并不一定是一件坏事。毕竟要建立一个强大的商业生态系统，制造商也需要能够不断成长的合作伙伴。

5.3.5 折扣还是返利

在介绍分销商的价格瀑布时，我们曾提到过折扣和返利的概念。事实上，大多数制造商都同时采用折扣和返利来激励或奖励分销商。如何找到折扣（从分销商的角度来看是**即时满足**）和返利（从分销商的角度来看是**延迟满足**）的合适比例，对制造商来说是一件相当具有挑战性的事情。

让我们对比一下两个激励方案。

方案 A：折扣大于返利

- 优点

（1）对分销商更友好，因为它对分销商的现金流压力较小。

（2）制造商和分销商都更容易进行财务规划。

- 缺点

（1）分销商在终端定价方面有更大的降价空间，这有可能带来跨渠道窜货甚至跨国家平行进口的风险。这也是苹果等公司始终将分销商利润率控制在一个较低水平的原因之一。

（2）有可能导致分销商提升销售额的动力不足。

方案 B：返利大于折扣

- 优点

（1）制造商的前期资金投入较少，财务压力较小。

（2）可能为分销商提升销售额提供了更大的动力。

- 缺点

（1）有些分销商可能为了获得更高的年度奖金而寻找并利用制度漏洞，比如在接近年底时囤货甚至虚报订单。同时，高额返利也会引发寻租风险。

（2）返利的规则设计相对复杂，执行起来可能会存在灰色空间，导致分销商感到沮丧和不满。

最终，每一家制造商必须视行业惯例，结合自身情况决定应该如何分配折扣和返利的比例，对此并没有现成的作业可抄。在实践中，折扣通常会在整个分销商激励方案中占据更大份额。返利的比例和规模取决于制造商的战略目标，并可能随着时间的推移而变化。当返利与财务目标挂钩时，建议制造商应特别谨慎，制定规则时应考虑到如何预防可能存在的漏洞。例如，制造商可以考虑将与销售额相关的年度奖金在次年第一季度的销售数据确定后再全额发放。到那时，我们就能知道分销商上一年度的销售额是不是有水分了。当然，如果预支销售额能为制造商和分销商带来共同利益，这又另当别论。最后，与合规相关的返利将有助于让分销商更好地执行制造商的规章制度。

5.4 如何涨价

在一些情况下，尤其是在通货膨胀的环境中，价格上涨是不可避免的。沃伦·巴菲特曾就定价权与价格上涨之间的关系发表过独到的见解（Ray，2019）：

> “如果你有能力涨价而不被竞争对手抢走生意，那你就有个很好的生意；如果你在涨价 10% 之前还得祷告一番，那你的生意就糟糕透了。”

我想，大多数管理者或企业主在涨价 10% 之前，心里都很忐忑，因为定价权是一种稀缺资源。虽然价格上涨是一项艰巨的任务，但通过精心策划和执行，我们可以提高成功涨价的概率。

5.4.1　莫妮卡的故事[1]

莫妮卡是一家业内领先的建材公司的销售副总裁。她刚和首席财务官通完电话，首席财务官给她下达了一个涨价目标。她知道近一年内，公司几乎各项成本都在上涨，包括劳动力成本、运输成本、能源成本和原材料成本，这并不是什么新闻。然而，她并不知道的是公司的形势已经如此糟糕。首席财务官告诉她，公司已经尝试了所有节约成本的办法，现在必须至少涨价 10%，否则公司很快就会陷入流动性危机。莫妮卡不禁叹了一口气。她所在的公司至少有三年没有涨价了。涨价谈何容

[1] 本故事纯属虚构，如有雷同纯属巧合。

易？尽管这家公司是业界龙头，但竞争对手总是虎视眈眈，绝不放过任何一个争夺市场份额的机会。莫妮卡刚从首席财务官那里得到涨价指示，她对如何涨价还没什么头绪。尽管如此，她还是从办公桌上的文件盒里抽出一张纸，试图做一些试算，顺便整理一下思路。为了尽快扭转现金流紧张的局面，她只能挑选那些没有签订年度供应合同的客户，因为他们没有固定价格协议的保护。这样一来，实际的涨价目标幅度提高了一个百分点，上升到了11%。莫妮卡的涨价行动的初始情况如表5-4所示。

表 5-4 莫妮卡的涨价行动——初始情况

年销售额（亿元）	3
涨价目标幅度	10%
涨价目标（亿元）	0.3
无年度供应合同的年销售额（亿元）	2.8
实际涨价幅度	11%

当时，莫妮卡所在的公司年销售额达3亿元。在扣除了年度供应合同之后，销售额还有2.8亿元。因为0.3亿元的涨价目标是个死命令，这就意味着实际涨价幅度是11%。直觉告诉她，直接将价格提高11%是一件几乎不可能完成的任务。这时，她突然想起不久前刚请商业数据分析部门的同事进行了客户数据分析，其中包括客户ABCD分析（参见表5-2），也许

她能从中找到一些线索。

在 315 家未签订年度供应合同的客户中，15 家 A 类客户贡献了 50% 的收入。莫妮卡开始在心中对客户进行逐一筛选，她试图为这些大客户确定一个合理的涨价目标。考虑到过去三年来价格一直未有变动，她认为 A 类客户的价格整体水平提高 7% 或许是可行的，尽管这些大客户通常会同时与其他的供应商合作。至于 B 类客户的情况，她没有办法全部记在脑子里，但她认为 12% 的涨价幅度是可行的。至于 C 类和 D 类客户的情况，她所知甚少，因此必须与团队进行复核。初步预测，她认为假设涨价幅度分别设为 14% 和 15% 应该问题不大。表 5-5 是计算结果汇总。

表 5-5　莫妮卡的涨价行动——按客户类别规划的涨价目标

客户类别	数量	销售额占比	涨价幅度
A	15	50%	7%
B	50	25%	12%
C	100	20%	14%
D	150	5%	15%
平均涨价幅度		10%	
涨价额（万元）		2 814	
与涨价目标差额（万元）		−186	

唉！距离涨价目标只差 1%。这将近 190 万元的缺口该如何堵上呢？她皱紧了眉头，继续写写算算。突然，她想到一个

主意：如果按照产品类型来进一步差异化涨价方案是否可行呢？可以将销售额拆分成产品销售和增值服务销售两部分，前者的同质化程度更高，竞争更激烈；后者遇到的竞争比较少。最受欢迎的增值服务包括定制包装和紧急订单等，客户通常对增值服务的价格不那么敏感，似乎很少有客户抱怨过增值服务价格过高。她紧接着研究了按客户－产品类别规划的销售额。结果，她发现A类和B类客户中使用增值服务的比例远远高于C类和D类客户，而整体来看，增值服务仅占总销售额的9%。看到了这些数字，莫妮卡不禁觉得心里有了些底气。她决定在维持产品涨价目标不变的同时，提高增值服务的涨价目标。莫妮卡认为，A类客户这些大客户更看重增值服务，可以将增值服务的涨价目标定为20%，而B类和C类客户各可以承受15%的增值服务涨价。请参考表5-6中的改进结果。

表5-6　莫妮卡的涨价行动——按客户－产品类别规划的涨价目标

客户类别	销售额占比		涨价幅度	
	产品	增值服务	产品	增值服务
A	45%	5%	7%	20%
B	22%	3%	12%	15%
C	19%	1%	14%	15%
D	5%	0	15%	0
平均涨价幅度			11%	
涨价额（万元）			3 024	
与涨价目标差额（万元）			24	

从新的试算结果来看，如果根据客户和产品类别的不同进行差异化涨价，可以实现 11% 的平均涨价幅度，这意味着涨价可以帮助公司收获略高于 3000 万元的额外销售收入和利润。莫妮卡如释重负。她松了一口气，心想着按这个思路来操作或许真的可以完成涨价目标。兴奋之余，她立刻召集了销售领导团队召开紧急会议。这是一个不错的开端，但要实现涨价目标，还要落实不少工作。

后来。莫妮卡一个人默默地回到自己的办公室。坐在办公桌前，刚才会议室里的一幕幕场景在她的脑海里不断闪现。尽管她激情澎湃地向团队介绍她关于涨价行动的想法，但大家的反响却出乎意料地不太热烈。相反地，他们向她抛出了一大堆问题。

她取出笔记本，回顾当时团队质疑的几个关键问题，包括：你是如何计算涨价带来的销量损失的？如果竞争对手趁机抢走我们公司的客户该怎么办？我们公司大多数销售经理在他们的职业生涯中从未经历过通货膨胀环境，我们怎样才能帮他们完成这次涨价行动？如果 A 计划不成功，我们的 B 计划是什么？莫妮卡在会上并没有急于答复这些问题，但她承诺第二天给团队一个满意的答复。她对如何处理这些问题其实已经有了一些想法，不过，她还想再慎重推敲一下。下次开会时她必须说服团队，如果无法说服他们，这次涨价行动怕要胎死腹中。那天晚上，莫妮卡在办公室待到很晚，有同事透过办公室的玻璃看见她用电话聊了许久。

第二天早上，莫妮卡一进办公室就马上召开了第二次关于涨价行动的动员会议。她在会上对上次悬而未决的一些关键问题胸有成竹地一一进行了答复。

你是如何计算涨价带来的销量损失的？

我的假设是，公司几乎不会损失任何销量。如果我们准备充分，沟通得当，这应该是一个站得住脚的假设。不过，我同意，可能会有个别特殊情况，特别是A类客户，我们在对其采取行动之前，需要更详细地研究每个客户的特点并制定相应的行动计划。在最坏的情况下，我们可能会在短期内允许对个别关键客户进行稍宽松的特殊处理，比如接受较低的涨价幅度。

如果竞争对手趁机抢走我们公司的客户该怎么办？

我觉得不能完全排除这种可能性。竞争对手可能会维持价格不变，甚至降低价格，以抢占我们公司的市场份额。不过，在咨询了同事和一些业内专家后，我现在认为这种情况发生的概率很小。在座的各位应该也知道，与我们公司一样，所有主要竞争对手近年来成本都在持续上升。相比之下，我们公司或许还有一定的成本优势，毕竟我们公司的生产设施几乎全部完成折旧，而几个最主要的竞争对手前两年刚投资建设了新的生产线，它们的成本压力应该比我们公司更大。更重要的是，我想提醒诸位：我们公司是当之无愧的市场领导者！如果我们公司涨价，竞争对手效仿涨价的可能性非常大。如果某些不理性的竞争对手真的趁此机会攻击我们公司，那就让它们来吧。我们一定会加倍奉还，报复性地精准攻击它们最重要的客户。

我们公司大多数销售经理在他们的职业生涯中从未经历过通货膨胀环境，我们怎样才能帮他们完成这次涨价行动？

我承认我一开始对这个问题认识不足。这确实是一个潜在的问题，我们在发起涨价行动前得想办法解决。我想了想，我有以下建议：

（1）我们需要起草一份涨价指南，列出关键行动、立即涨价的理由、面对客户投诉的应对方法和说辞等。

（2）我们将组织一次培训，让内外部资深销售人员分享他们涨价的经验和一些实用技巧。

（3）我们与人力资源部门的同事一起研究一下，看看是否有可能推出与这次涨价行动成效挂钩的特别奖金，以激励销售团队。

（4）我们将组建一个涨价行动特别支持小组，由最有经验的销售人员和管理人员组成，在面对最棘手的客户时提供一线支持。

如果A计划不成功，我们的B计划是什么？

很遗憾我们怕是得一条路走到黑。如果真的有B计划的话，那大概就是大家一起卷铺盖回家了。我想大家应该都不想选B计划。现在我们公司命悬一线，销售作为为公司提供弹药的最关键的部门，必须团结起来，顶住压力，找到解决办法。坦率地说，我不太在意C类和D类客户。此次涨价行动的成功关键是要确保针对大客户的涨价成功率。我下定决心要将涨价行动进行到底。在非常时期我不介意采取非常手段，如拒绝任何定制要求、降低客户支持级别，甚至在必要时威胁客户停止供货等。

最后，莫妮卡在会议上的总结陈词起到了一锤定音的效果：

“昨晚，我想了很久。在太长时间里，我们把自己放在乙方的位置，卑微成了习惯。我们总是觉得自己没有什么议价能力，但事实并不像我们想象的那么悲观。如果我们能从思维定式中跳出来，采用外部视角去看待我们和客户的关系，会发现我们其实是同舟共济的合作伙伴。如果我们失败了，他们也会失败。如果我们成功地将这一点传达给他们，他们就会理解并接受（涨价）。否则，就一定是有人上错了船。”

会后不久，公司首席执行官批准了莫妮卡的涨价计划。涨价行动旋即正式开始。

5.4.2 复盘

我们并不知道莫妮卡的这次涨价行动最终结果如何，不过至少她的计划看上去不错。俗话说，好的计划是成功的一半。让我们回顾一下莫妮卡这次涨价行动的关键步骤。

步骤 1：确定总体目标

- 确定涨价涉及的销售额和客户范围。考虑到时间紧迫，涨价行动只考虑没有签订年度供货合同的客户。
- 涨价目标保持 0.3 亿元不变，但涨价目标幅度在按照产品类型来进一步差异化涨价后上升到 11%。

步骤 2：分解涨价目标

- 根据 ABCD 分析结果对客户进行分类，为不同类别的客户制定不同的涨价幅度，A 类客户最低为 7%。客户的销售额贡献越小，涨价幅度越高，如 D 类客户高达 15%。

  理由：大客户资源更丰富，谈判能力更强，而小客户更依赖供应商，因此在价格谈判中处于弱势地位。

意识到离整体涨价目标还有差距，莫妮卡选择了做这件事：

- 探索按产品类型进行差异化涨价的机会：保持产品的涨价目标不变的同时，提高增值服务的涨价目标。
  理由：客户对产品的关注多于对增值服务的关注，这可以归因于一种被称为心理账户的心理效应，即人类将资金分配到不同的心理账户，不同的心理账户用途不同，支付意愿也不尽相同。5.7 节将更详细地介绍心理账户的概念和影响。

意识到按客户 - 产品组合区分的差异化涨价方案可以实现涨价目标后，进入下一步骤。

步骤 3：准备执行

- 在内部宣讲涨价计划，收集反馈意见，尤其是掌握客户和竞争对手一手信息的销售经理的想法和建议。
- 检查假设和可行性，尤其是分析客户和竞争对手可能做出的反应。
- 深入调查最重要的客户和竞争对手，提前制定行动预案，尽可能减少不可控因素。
- 确保在内部和外部就即将开展的涨价行动进行充分沟通。
- 为销售团队准备一份详尽的涨价指南。

- 对销售团队进行培训，让他们对宣布涨价后客户和竞争对手可能做出的反应做好应对准备。
- 为销售团队提供与涨价行动成效挂钩的激励措施。
- 讨论并制定 B 计划，即使 B 计划最终没有采用也没有关系。
- 最终，获得最高管理层的支持。

5.4.3　续集

好的计划是成功的一半，这意味着还有一半的工作要做。接下来，我将重点介绍涨价行动启动后的几个关键步骤。为便于连续阅读，我将延续 5.4.2 节中的步骤编号。

步骤 4：预启动

- 在团队内部演练与客户的书面和口头沟通、谈判，必要时进行角色扮演或模拟对话，对关键涨价论据、反驳理由与应对方法进行反复验证。
- 在预算允许的情况下开展公关活动，利用专业媒体造势宣讲整个行业面临的困难以及涨价的合理性与迫切性。切勿直接与竞争对手对话。操纵价格是违法行为，在大多数国家可能会面临严重的惩罚。

- 销售经理与各自的客户进行联系，为最终到来的“坏消息”进行预热。尤其是当涨价行动接近客户的预算制定期限时，这一点尤为重要。

如果在步骤 4 发现了不好的征兆，应该暂停涨价行动，重新检查步骤 3。没有问题的话，进入下一步骤。

步骤 5：发布涨价消息

- 现在是时候发布消息了。这应该是一封正式的涨价信，由销售主管签署，如果是发布给重要客户看的，也可以由公司管理层联署。信中应至少包括以下内容：不可避免的涨价理由、涨价幅度和时间、负责此事的人员的联系方式。事实基础越扎实，你在接下来的谈判中就越能避免发生令人不愉快的事情。
- 密切监督涨价行动进程，保持前后台沟通顺畅。
- 如果发现针对部分客户的涨价结果明显偏离目标，应当立即采取行动，避免情况持续恶化。
- 及时庆祝成功，持续前进，不要回头。

5.4.4 小结

涨价对客户来说不是一件愉快的事情，因为它打破了原有的平衡。出于同样的原因，销售团队通常也不怎么喜欢涨价。然而，涨价行动对每家公司来说都应该是生存工具包中必不可少的一件重要工具。

在莫妮卡的故事里，涨价行动迫在眉睫。她就职的公司成本直线上升，现金流出现严重问题，公司亟须采取一切有可能的措施来扭转局面。如果作为最重要的利润杠杆的价格在这个危急时刻未能发挥其应有的作用，那未免也太令人扼腕叹息了。莫妮卡的故事告诉我们，涨价行动通常时间紧、任务重，同时准备工作中又不能出现闪失，不然无法向客户交代，竞争对手又在一边虎视眈眈，伺机而动。虽然筹备一次涨价行动需要花费大量的努力，但努力是值得的。付出的努力当下就可以见到回报，并且在这一过程中积累的流程、准则、数据分析方法和经验可以在今后重复使用。因此，企业应该精心策划涨价行动，把它当作一项系统工程，而不能因为时间紧迫就匆忙了事。

当然，现实总是要比故事骨感。我们并不总是有足够的时间和好运来把一切都准备得井井有条，为各种可能的情况做好完美的解决预案。如果你还记得定价措施的时间价值（见图 2-1）的话，你一定知道以正确的方式做事总比什么都不做要好。因此，能够像莫妮卡那样采用务实的、自上而下的方法，在大多数情况下应该已经能够漂亮地解决问题了。

5.5 远离价格战

5.5.1 最终无人获胜

在市场竞争的激流中，当企业争相降价以争夺市场份额时，一场价格战往往一触即发。很多时候，企业可能会冲动地发起价格战，却往往忽视了价格战可能带来的严重后果。到头来，无论是发起还是参与价格战，几乎从来都不是明智的选择。

尽管客户可能会因爆发价格战而高兴，因为他们为同样的产品付出的代价变小了。他们应该趁此机会尽情享受，因为竞争的焦点一旦从价值转向价格，那么“同样的产品”的质量很可能会下滑。这绝非危言耸听，读者可以回顾 1.2 节中灌溉设备制造商首席执行官的痛苦自白。价格一旦进入螺旋式下降通道，那价格下降的速度往往超出一般人的想象。价格战的硝烟弥漫开来，参与者很快就会发现自己陷入了一个困境：价格下降了，市场份额却没有提升，现金消耗的速度惊人。价格战的结果只有两种可能：双方同意休战或一方宣称胜利。

1. 双方同意休战

价格战刚爆发时，可能有多家企业在互相角力。然而，随着战事的升级，通常只有两家企业会坚持到底。双方同意停火，价格战才得以结束，或者在再次燃起战火之前，会有一个暂时的和平期。那么，战果如何呢？整个行业的价格水平或许降低了，但市场份额却大致保持不变。同时，参战各方的利润率也大幅下滑。还记得价格是决定利润的关键因素吗？无论是价格上涨还是下跌，都能产生深远的影响。假设企业经营利润率为 20%，只要降价 20% 就能让利润瞬间蒸发。这是所有企业都不值得参与价格战的力证。

那看上去坐享其成的客户会在价格战中成为赢家吗？这个问题的答案取决于企业是不是要与时间做朋友。如前所述，短期内客户可能会受益。然而，从长远来看，企业本应投入资金为客户创造更有价值、可持续性强的产品，却为了短暂的利益而耗费殆尽。我不知道这对客户来说是好是坏。

2. 一方宣称胜利

财力最雄厚的那家企业或许最终会赢得最多的市场份额，宣布获胜，而其他企业俯首称臣。然而，赢家大不易。它必须想办法提高价格以实现盈利，但客户已经被低价“宠”坏了，把每日低价当作理所当然的事。同时，赢家还是要密切关注已经认输的竞争对手们，以防它们决定重整旗鼓，再次打响价格战。如果赢家一次赢得过火，其类似垄断的市场地位很可能会招来反垄断机构的关注。因此，在荣耀背后，赢家如履薄冰。

价格战以价格胜之，成功立于危墙之下。终有一日，另一个更有钱或更疯狂的企业会找上门来，开启一场新的价格战。低价本身并不是有效的经济护城河，不算是企业的核心竞争力。

中国的网约车市场就是这样一个例子。这仿佛是一个盗梦空间，在一场看似永无止境的价格战（2012—2021 年）之后，滴滴在与快的打车等本地竞争对手以及行业先驱优步（Uber）的长期博弈中顽强生长，似乎一度成为大赢家。然而，在滴滴因违规而被要求在应用商店下架整顿后，原本一些蜗居二线的网约车公司乘势出击，积极融资，增加了针对司机和乘客的营销和推广支出。2021 年 7 月，美团打车重新上架，两个月内就推广到了 200 多个城市。2021 年 9 月，吉利集团旗下的 B2C 共享出行平台曹操出行宣布完成了 38 亿元的 B 轮融资。同年 10 月，T3 出行宣布完成了 77 亿元的 A 轮融资。这些竞争者利用新投资拓展新市场，吸引新司机加盟平台（LIU，2023）。精明的消费者也纷纷顺应潮流选择了新秀平台。这些套路是不是有股很熟悉的味道？滴滴几乎在一夜之间又被拉回了十年前的起点。价格战到底何时才算赢？

我猜测，事实上，没有人能真正赢得价格战。价格战的赢家可能最多只是看起来像个“赢家”而已。

5.5.2 反思价格战

如果价格战对所有人都不利，那么各家企业为什么要发动价格战呢？难道价格战是不可避免的吗？每一场价格战的背后是都有合理的商业逻辑做支撑，还是只是因为某些人的虚荣心在作祟？让我们从汽车行业的最新发展中寻找答案。

几十年来，大众汽车在中国一直是无可争议的市场领导者，但在 2023 年第一季度，它的霸主地位像一个玻璃杯一样突然破碎了。有“股神”巴菲特背书的中国制造商比亚迪，在 2023 年第一季度共售出 552 076 辆汽车，超越了大众汽车的两家合资企业销量总和，取代大众汽车成为中国汽车市场销量冠军（Anderson，2023）。

在 2022 年，乘用车市场的竞争已经白热化，许多汽车制造商在后新冠疫情时期为了争取多持观望态度的消费者而多次降价。尽管特斯拉采取了降价策略，但在中国汽车市场中 7 月的销量仍然比 6 月下降了 31%，而同期比亚迪的销量却逆势增长（Reuters，2023）。

大众汽车在中国这个其最重要的市场上面临着越来越大的压力。因为在这里，与传统的国外品牌相比，迅速崛起的本土企业在电动汽车方面取得了令人瞩目的成功。与在欧洲本土市场的遭遇不同，大众汽车 ID. 家族在中国严重水土不服，被更懂国人喜好的本土新势力产品甩得很远。这也是大众汽车在中国的地位在电动汽车时代遭到动摇的根本原因。

2023 年 9 月，一汽 - 大众宣布对旗下电动汽车 ID.4 价格进行了大幅调整，降价至 14.59 万元（上市价格为 19.39 万元），折合欧元不到 2 万元（Johnson，2023）。同时，在德国市场上，ID.4 的零售价约为 4 万欧元起，大概是中国市场价格的两倍，低价令德国车主羡慕不已。大众汽车的电动汽车在中德市场出现这样的巨大价差并非个例，反映出了德国汽车制造商针对中国市场的战略转变，这在过去是难以想象的。不久之前，以大众汽车为代表的德国车企常常被国人诟病“薅中国消费者羊毛”——同样的产品中国售价要比德国本土市场高出一大截。在如今的电车时代这一价差被逆转了，不仅反映了国外品牌在中国销售的压力，更暗示着中国消费者的价值观和审美观或许正在发生深层次的转变。“德国制造”的光环正在逐渐褪去，且短期内难以恢复其昔日荣光。

2023 年 5 月，大众汽车股份公司董事会成员、中国区实际负责人拉尔夫·布兰德施泰特（Ralf Brandstaetter）接受了媒体采访，在解释大众汽车在中国的新战略方向时表示愿意与新常态和解：“大众汽车致力于可持续的商业模式。这意味着我们不会参与无谓的价格战。”他进一步强调：“我们的市场地位坚实，重点在于盈利能力，而并非单纯追求销量或市场份额。”

据布兰德施泰特预测，[㊀]到 2030 年，中国乘用车市场规模将从目前的 2200 万辆增长至 2800 万～ 3000 万辆。他表示，“大众汽车若能在 2030 年实现 400 多万辆汽车的销量并保证相应的盈利率，我们将完全能够接受这种状况”（Reuters，2023）。

面对日益激烈的竞争环境，大众汽车于 2023 年投资 7 亿美元（约 50 亿元人民币），收购了中国电动汽车制造商小鹏汽车近 5% 的股份，并同意与其建立战略合作伙伴关系，共同开发两款新车型。此外，大众汽车旗下的奥迪也承诺将与其中国合作伙伴上汽集团开展更紧密的合作（He，2023）。

大众汽车为我们提供了逃离残酷价格战的思路，其中最重要的一课就是事实胜于雄辩。仔细研究时间轴，我们会发现一汽 - 大众是在布兰德施泰特接受采访后不久降低了 ID.4 的售价。要毫发无损地逃离一场价格战几乎是不可能的。为了不被价格战牵着鼻子走，或者在必须进行价格战时占得先机，企业应当努力通过创新和为客户提供独特的价值来保持竞争优势。

5.6　动态定价

如今几乎每个定价经理都会把动态定价挂在嘴边。仿佛不懂动态定价，就不算一个称职的定价人。在一些特定情况下，

㊀　来自布兰德施泰特于 2023 年 5 月接受的采访。

动态定价确实能发挥神奇功效，但动态定价肯定不是万能药，不能包治百病。我甚至认为对大多数产品经理和定价经理来说，动态定价并不会也不应该在他们的工作中起到关键作用。

动态定价，也称为激增定价、需求定价或基于时间的定价，是一种独特的定价策略。这种策略允许企业根据当前的市场需求为产品制定出灵活多变的价格。企业可以通过考虑竞争对手的定价、供求关系和其他外部因素来适时调整价格（Wikipedia，2023）。

事实上，动态定价与收益管理关系密切，而收益管理主要解决的问题是在合适的时间（the Right Time）以合适的价格（the Right Price）向合适的客户（the Right Customer）销售合适的产品（the Right Product），即动态定价的 4R 问题。动态定价有三个基本的适用条件（Wikipedia，2023）：

- 可供销售的产品数量是固定的。
- 销售的产品易变质，产品销售有时间限制，一旦错过时间，产品就基本丧失了价值。
- 有客户愿意为使用相同的产品支付不同的价格。

然而，值得注意的是，动态定价有时会与价格欺诈和价格歧视等负面词语联系在一起。优步、滴滴，甚至可口可乐都曾扮演过反面角色。如果你对动态定价感兴趣，敬请翻阅拙作

《定价之谜》。

事实上，适合运用动态定价的行业屈指可数。典型行业包括交通行业（如航空公司、汽车租赁公司等），酒店和旅游业（如酒店、出租公寓等），以及电子零售平台（主要由亚马逊首创）。

近年来，许多工业企业都急于宣称它们正在采用或将采用动态定价策略。显然，它们并不真正理解动态定价的含义。对大多数工业企业来说，采用动态定价不管怎么看都显得过于牵强。在动态定价中，只有价格在动态变化，而基本产品或服务保持不变。工业企业的价格差异化潜力应主要来自基于对客户细分的扎实了解而定制的解决方案，这与动态定价风马牛不相及。

动态定价的方案设计和日常维护都很复杂，而且不同行业需要的动态定价方案的逻辑其实是有差异的。具体内容超出了定价指南的范畴，因此，我不做进一步展开。我给对动态定价感兴趣的企业一个忠告：每家企业的定价需求和目标设定都是个性化的，会随着时间的推移而不断变化，因此并不存在一个放之四海而皆准的动态定价方案。将动态定价算法完全交给人工智能是危险的。无论是产品经理还是定价经理，都不希望出现“定价黑盒”，哪怕人工智能现在给出的建议似乎看上去很合理。任何定价技术的指导原则都应该是交由人来制定，尽管人也会犯错误。

5.7 可预测的非理性

人类的非理性往往是可以预测的，这个话题已经是老生常谈了。随着行为经济学在定价方面的应用越来越广泛，一个新兴的概念出现了：行为定价。这种定价方式通过对消费者行为的预测，使卖家实现更理想的结果成为可能。

5.7.1 行为定价与价值定价

行为定价与价值定价不是相互排斥的，而是相辅相成的。价值定价为我们提供了价格的指导，而行为定价则帮助我们更好地发挥这些价格的最大潜力。价值定价揭示了理论上的价格上限，而行为定价实践性更强，每个商家都能以自己的方式去尝试并找到最适合自己的行为定价策略。在具体展开介绍行为定价之前，先让我们来看一个故事（Schwarzenegger，2013）：

两名刚刚来到美国谋生的欧洲年轻人在加利福尼亚州成立了一家建筑公司。在招揽生意时，其中一人会在勘查现场时以米和厘米为单位[⊖]进行测量，然后拿给他的伙伴看。他们两人接着会用德语激烈争论，直到客户过来询问发生了什么事。

“我不明白为什么他认为建这个庭院要收8000美元，”负

⊖ 美国人一般会使用英尺和英寸作为长度度量单位。

责测量的那个小工把客户拉到一边解释道，“我悄悄跟你说，我觉得这个庭院 7000 美元就能够做下来了。”小工与客户谈话之后又与他的同伴用德语进行了一番争论。最后，他们与客户以 7000 美元的价格达成了交易。

这两名年轻人很快在加利福尼亚州站稳了脚跟，生意蒸蒸日上，直到后来其中一人倾听自己心中的呐喊，离开公司去追梦。这人正是那个负责测量的小工，他还热衷健美运动。他的名字叫阿诺德·施瓦辛格。后来他以“终结者”的身份逐梦成功，再后来他还成功当上了加利福尼亚州州长。

我不确定施瓦辛格是否知道他当时和他的伙伴使用了行为定价的技巧。但是，很显然他们成功了。接下来，我将为读者介绍四种行为定价技巧。

5.7.2 四种行为定价技巧

1. 神奇的 9

在零售业中，以 9 结尾的价格随处可见：0.99 美元、1.99 美元、9.9 美元、19 美元、79 美元、129 美元……许多理论和实验都证明了“9”的魔力，它比其他尾数的价格都能带来更好的销售业绩。交易效应是最常见的解释之一，尤其是当它导致数位上的差异时，例如，99 美元感觉比 100 美元好得多。而 0.99 美元感觉简直就像不要钱一样。当然事实并非如此，不然苹果音乐（Apple Music）也不会获得如此成功。

关于价格尾数 9 的神奇有多种解释。我偏向的理论是：在某个价格段内，价格弹性接近于零（参见图 4-3 中的需求曲线 3）。这意味着，如果产品的合理价格是 95 美元，你可能应该把目标定在 99 美元，而且几乎不会造成任何销量损失，赚取这 4 元的溢价几乎不费吹灰之力。如果是这样的话，那么选择用“九”作为价格尾数对零售商来说应该是占优战略（Dominant Strategy）。换言之，刻意避开 9 而使用 7 或者 8 作为价格尾数属于东施效颦，缺乏令人信服的商业理由。这样做不仅浪费了该赚的钱，消费者也未必欣赏这种姿态。

多年来，我内心深处一直有些挣扎，是否有一个数字能超越“九”的魅力？答案总是否定的。看来九的魅力注定要胜过其他数字。有时候，我自己也觉得这似乎有一丝丝的愚蠢。但是，事实就是如此，人类的非理性是可以预测的。最近，我带着我的两个年幼的儿子逛商店时，注意到了一个有趣的现象：他们会忽略价格标签上小数点后的数字。比如，当他们看到一个玩具标价为 24.99 或 24.79 时，他们第一反应都是认为这个玩具的价格是 24 元，而不是 25 元，也不是 24.×× 元。儿童的天真大概多少沉淀了下来，构成了成人心底的底色，潜移默化地影响着他们日后的行为。

不知道读者注意到了吗？前文中我有意交叉使用阿拉伯数字 9 和汉字九，这事实上也是一种定价技巧。如果想让客户注意到价格，我们就使用数字；如果不希望客户过于关注价格，我们就使用汉字或字母。当然，把字体调小一点也能达到同样的效果（小朋友忽略尾数是不是因为小数点后的数字更小的缘故呢？），可以减轻价格带来的不适感。

2. 心理账户（Mental Accounting）

心理账户是理查德・塞勒（Richard Thaler）提出的一种消费者行为模式，它描述了人们对经济结果进行编码、分类和评估的过程。正如塞勒所说（Thaler，2008）：“所有组织，上至通用汽车，下至单人家庭，都有显性和（或）隐性的会计系统。会计系统经常以意想不到的方式影响决策。”

在后疫情时代，由于经济和收入不确定性增加，许多家庭有目的地减少了非核心支出。然而，他们会因为偏好不同而以不同方式调整支出。例如，有些家庭会推迟出国度假，有些家庭则会取消订阅奈飞（Netflix）等娱乐节目。尽管事实上无论钱花在哪里都是花，用更正式的术语表达就是：这两种支出使用的是相同的可替代资源（收入）。

还有一个例子是，商家宣传和解释价格的方式也会对客户的价值感知产生影响，从而影响他们的购买决策。比如，同一航班行程的机票有两个报价，总费用都是 100 美元，但价格结构不同。第一个报价的基础票价为 80 美元，附加费用为 20 美元；第二个报价的基础票价为 20 美元，附加费用为 80 美元。在一般消费者看来，第二种报价会显得更划算。机票的例子或许会让你回想起 5.4 节中莫妮卡的涨价行动。人类思考的时候会不经意地寻找捷径，帮助自己更快地分析情况并得出结论。我们的大脑在处理价格信息时，会不自觉地捕捉与价格感知关系最紧密的信息点作为价格形象的映射。在莫妮卡的故事中，客户对价格的关注点主要在产品上而不是增值服务上。在机票的例子里，一般旅客对价格的认知被锚定在机票的基础票价上。

在掌握了这个重要的知识点之后，旅行社就可以通过改变价格的呈现形式影响消费者的价格感知，进而影响他们的购买行为。此外，一些精明的旅行社还会在搜索页面中只显示基础票价，而在页面详情中显示附加费用，这就为客户退出预订流程设置了一个障碍——损失厌恶。

3. 损失厌恶（Loss Aversion）

根据损失厌恶理论，我们对损失的痛苦感受要远远强于对收益带来的喜悦感受。丹尼尔·卡尼曼（Daniel Kahneman）和阿莫斯·特沃斯基（Amos Tversky）认为，在心理上，损失的力量可能是收益的两倍（Kahneman，1992）。

这种损失厌恶对定价策略有着显著的影响，尤其是对于折扣和附加费用的使用。折扣被视为一种收益，而附加费用则被视为一种损失。客户对于支付附加费用的感受远比获得折扣的感受要强烈。以电商为例，商家可以选择以下策略：

（1）如果您今天的订单总额不少于 100 美元，我们将为您提供 5 美元的折扣。

（2）如果您今天的订单总额不足 100 美元，我们将向您收取 5 美元的运费。

哪一个选择能更能激发客户的购买欲望呢？很可能第二种方式会胜出。对商家来说，运费作为附加费用还有一个好处：可以减少退货，因为退货时运费是不退还的。因此，推广产品时，将告知潜在客户不购买的损失作为切入点，比向客户强调他能获得什么更为聪明。以 Temu[㊀]为例，新用户注册后会获得一张 120 欧元的代金券，只能用于购买 10 分钟闪购活动中的商品。在此期间，页面会出现倒计时，更能让客户产生害怕错过的心理。这正是利用了错失恐惧症（Fear of Missing out，FOMO）的原理。

损失厌恶的概念也为我们揭示了免费试用的吸引力所在。在数字产品领域，诸如苹果音乐、领英、Spotify 等公司常常会为非付费用户提供免费的高级服务试用。然而，一旦试用期

㊀ Temu 由中国电子商务公司拼多多运营，总部设在波士顿。它提供大幅打折的商品，这些商品大多数从中国直接送到客户手中（Wikipedia，2023）。

结束，如果客户未能及时取消服务订购，便会被自动收取费用。这一策略背后，其实也是利用了人们对损失的厌恶心理。

4. 锚定（Anchoring）

你还记得那个施瓦辛格年轻时的故事吗？他的创业故事中，锚定效应的威力让人印象深刻。现在，让我们来做一个有趣的小实验。向三个碗里倒水，一个装冷水，一个装热水（注意不要太烫，以免烫伤手指），还有一个装温水。将一只手放入冷水中，另一只手放入热水中，保持大约 30 秒。然后，将两只手同时放入温水中。这时，一只手会感觉水是温的，而另一只手则会感觉水是凉的，这就是对比的力量（Laja，2023）。同样地，价格的高低并不是绝对的，而是相对的。就像没有什么东西本身是便宜或昂贵的，没有比较就没有伤害。

物理锚可以防止船只偏离停泊的地方，而价格锚则会把对公平价值 / 价格的判断拉向对自己有利的方向。因此，在谈判中首先出价通常是一个明智的选择。然而，值得注意的是，先发制人的策略只有当信息对称或具有比对方更大的信息优势时才适用。过高的初始报价可能导致交易失败，而过低的初始报价则可能让你损失惨重。

托马斯·爱迪生曾有一项可以改进电报机的发明，他带着这个想法找到了西联电报公司。当西联电报公司询问他的报价时，他本想狮子大开口报 2000 美元的价格，但他鬼使神差地没有先开口，而是让对方先报价。结果西联电报公司开出了 4 万美元的价格，这足有他原计划的 20 倍（相当于今天的近 100 万美元）。爱迪生利用这笔意外之财建立了一个实验室。他正是在这个实验室里发明了留声机和电灯泡（Galinsky & Schweitzer，2015）。这个故事告诉我们，如果你不确定自己是否掌握了足够的信息，最好在报价之前保持谨慎并倾听对方的发言以获得更多有价值的信息。

除了谈判之外，锚定在零售中也发挥了重要作用。在亚马逊上，你会发现许多商品的价格信息由三部分组成：现价（如 9 美元）、原价（如 ~~10 美元~~，加上了删除线）和相应的折扣（如 1 美元）。采用这种方式展示价格的目的是向客户强调他们以折扣价购买商品时可以节省的费用。我们的假设是，当客户觉得商品物美价廉时，他们会更愿意购买。

遵循同样的逻辑，零售商可以通过优化产品陈列来引导客户购买特定的产品。这可以通过构建 GBB 结构来实现。在此结构中，“最好”选项作为价值锚，提供了最高的价值，但同时价格也是最高的。至于“好”选项，它被用作诱饵，虽然价格更低，但与客户期望的价值相差甚远。相比之下，“更好”选项结合了两者的优点，提供了最高的性价比。人类避免极端、偏好中间路线也是实现这一定价技巧的关键。

5.8 本章小结

- 随着业务的持续增长，价格管理也变得越来越复杂，如果缺乏适当的维护，定价机制可能会失控。
- 要了解当前的价格质量，我建议采用 ABCD 分析（见图 5-1、表 5-1 及表 5-2）。
- 为了确保价格质量的可持续管理，我们需要一种系统化的产品分类方法作为差异化定价的基础（见图 5-2）。
  - √ **重点产品**在市场上具有极高的曝光度，备受客户青睐，常常成为购买的首选。
  - √ **旗舰产品**具有独特的优势，这些优势源于其无可比拟的产品功能或令人瞩目的外观设计。
  - √ **长尾产品**在营收中所占比例最小，所以往往被客户、竞争对手甚至企业自己忽视。
- 虽然促销在 B2C 领域仍然有其存在意义，但是对大多数工业企业来说，参与促销通常并不是一个明智的选择。
- 评价促销效果的最终标准应该是它是否有助于企业获得更多的利润。然而，想要判断准却非常困难，因为影响促销效果的外部因素太多了。
- 我们要回答三个问题以更好地利用促销实现利润增长：
  - √ **哪些客户适合促销？**（见图 5-3）
  - √ **哪些产品适合促销？**（见图 5-4）

- 如何设计有效的促销活动？（见图 5-5）

- 关于直销模式与第三方分销模式孰优孰劣的争论尚未尘埃落定。最有可能出现的情况是，在不久的将来，这两种销售模式将继续并存。
- 定价管理是分销管理中关键的一环，它不仅可以帮助企业更公平地分蛋糕，如果使用得当的话，还有助于各方一起把蛋糕做得更大。
- 分销定价的演变可分为三个阶段（见图 5-7）
  - 好：价格走廊
  - 更好：价格矩阵
  - 最好：价格瀑布
- 每一家制造商必须视行业惯例，结合自身情况决定应该如何分配折扣和返利的比例，对此并没有现成的作业可抄。
- 在实践中，折扣通常会在整个分销商激励方案中占据更大份额。返利的比例和规模取决于制造商的战略目标，并可能随着时间的推移而变化。
- 在一些情况下，尤其是在通货膨胀的环境中，价格上涨是不可避免的。我们可以通过严格地规划和执行来提高涨价行动成功的概率（见表 5-4、表 5-5 及表 5-6）。
- 涨价行动对每家公司来说都应该是生存工具包中必不可少的一件重要工具。涨价行动包括五个步骤：
  - 确定总体目标

- √ 分解涨价目标
- √ 准备执行
- √ 预启动
- √ 发布涨价消息

- 虽然筹备一次涨价行动需要花费大量的努力，但努力是值得的。付出的努力当下就可以见到回报，并且在这一过程中积累的流程、准则、数据分析方法和经验可以在今后重复使用。
- 在市场竞争的激流中，当企业争相降价以争夺市场份额时，一场价格战往往一触即发。很多时候，企业可能会冲动地发起价格战，却往往忽视了价格战可能带来的严重后果。
- 价格战的结果只有两种可能：
  - √ 双方同意休战：没有赢家。
  - √ 一方宣称胜利：赢家可能只是看起来像个“赢家”。
- 要毫发无损地逃离一场价格战几乎是不可能的。为了不被价格战牵着鼻子走，或者在必须进行价格战时占得先机，企业应当努力通过创新和为客户提供独特的价值来保持竞争优势。
- 动态定价与收益管理关系密切，而收益管理主要解决的问题是在合适的时间以合适的价格向合适的客户销售合适的产品，即动态定价的 4R 问题。
- 动态定价的方案设计和日常维护都很复杂，而且不同行业需要的动态定价方案的逻辑其实是有差异的。具体内容超出了定价指南的范畴。

- 行为定价与价值定价不是相互排斥的，而是相辅相成的。价值定价为我们提供了价格的指导，而行为定价则帮助我们更好地发挥这些价格的最大潜力。
- 你应该掌握的四种行为定价技巧：
  - √ 神奇的 9：价格尾数王牌 9！
  - √ 心理账户：不同心理账户，不同支付意愿。
  - √ 损失厌恶：一鸟在手，胜过两鸟在林。
  - √ 锚定：参照物的力量——把握先发优势！

THE PRICING COMPASS

第6章

定价之旅

日本已故慈善家、企业家、两家《财富》世界500强公司（京瓷和KDDI）的创始人稻盛和夫给我们留下了十二条管理原则，其中第六条原则指出（Kazuo，2010）：

> **“定价是领导的职责，价格应定在客户乐意接受、公司又盈利的交汇点上。”**

稻盛和夫先生主张：“定价并非销售经理（更不用说销售人员）所能决定的，而是最高管理层的职责。这应该成为制定价格的普遍原则。”我的个人经验也证明，那些领导者高度重视价格管理的企业，往往具备强大的定价能力，并能将其转换为卓越的财务表现。定价之旅充满挑战，大致可分为三个阶段（见图 6-1），在这个过程中，针对不同的阶段应有不同的重点。

图 6-1　定价之旅的三个阶段

6.1　扬帆起航

在初创企业之中，满怀激情与理想的创始人常常身兼数职，其中最为关键的角色便是产品经理。他们亲力亲为，几乎承担了所有工作。然而，在这众多的职责中，有一项最为重要的任务，那就是验证产品 – 市场 – 价格契合度（参见第 3 章）。这关乎价格的设定或者目标客户的支付意愿，这是衡量一个新兴创业想法是否可行的最终标准。在这个阶段，兼任定价经理的创始人还应着重关注以下与定价息息相关的问题：

- 企业是否为目标客户提供了有吸引力的价值主张？
- 客户愿意为之付出多少？

- 对新产品来说，什么样的定价模式最适合？
- 新产品的商业计划是否可行？

如果我们认为价值、价格和成本之间存在不匹配，就需要对商业计划进行修改，甚至重起炉灶。创始人比任何人都更应该花足够多的时间直接调查潜在客户，不仅要了解新产品如何为客户的业务增值，还要了解客户愿意为此支付多少费用。虽然如第 3 章所述，通过与这些潜在客户互动所得到的信息还需要得到证实，但第一手信息已经对校准新产品的价值 / 价格定位大有裨益。

据我观察，那些能够脱颖而出获得成功的初创企业创始人，大多数善于简明扼要地阐述自己企业的业务，并清楚地知道如何赢得客户的青睐。我认为，那些重视定价的创始人会有意识地为客户创造独特的东西，而不是一心想着复刻他人的成功模式。为了使产品尽善尽美，价格作为产品概念不可分割的一部分，也必须臻于完美。创始人亲自承担定价工作本身就向整个团队释放了一个明确的信号：定价是企业的一件大事。

鉴于定价的重要性，定价不可能是一个人的工作；鉴于伴随业务增长的定价复杂性增加，定价需要由一个专门的团队来负责。如果初创企业能存活下来，那么创始人就应该把定价的一部分职责移交给定价经理，并且可以将其提升为定价总监，以便跟上企业发展的步伐。不过，正如稻盛和夫所强调的那样，最高管理层应保持对定价战略的持续关注和必要介入。

6.2　乘风破浪

随着业务的蓬勃发展，定价也变得越来越复杂。在第 4 章中，我们深入探讨了客户多样性所带来的典型挑战。客户多样性对产品和价格的差异化提出了更高的要求，而这种差异化又不可避免地带来了复杂性。同时，随着时间的推移，不断产生的各种工作环节也进一步加剧了这种复杂性。

作为一名定价经理，你需要横跨商业智能、数据分析、成本核算、需求预测、市场调研、客户分析、财务建模和项目管理等领域。你掌管着定价全流程，从新产品的初步定价，到定价维护，包括收集市场情报、对标分析、数据挖掘、价格监控与报告等环节。你还要处理特殊的价格审批，如制定涨价准则、审批价格变动协议等，并对促销活动进行管理，包括设计与执行促销活动。最后，你还要进行持续的价格优化，如定期价格调整、涨价行动、降价行动、产品组合合理化等。定价经理的工作是繁复而重要的，为企业的盈利策略提供了关键的支撑。

经验显示，在大型企业中，仅定价维护这项工作就足以占用定价经理 80% 以上的时间。许多我认识的定价经理将工作时的自己比作跑轮上的仓鼠，这种状态对一项具备战略制定和分析性质的工作来说，无疑是致命的。

遗憾的是，定价工作往往吃力不讨好。为了履行职责，定价经理必须依赖几乎所有的职能部门，包括销售、营销、采购、财务、战略直至最高管理层，才能产生实质影响。然而，跨职能部门的合作动力往往不足。有时，部门之间甚至会发生冲突，尤其是与销售团队的冲突。

在组织内部，销售团队作为创收部门，具有较高的地位和一定的权力，而定价团队则被视为辅助职能部门。销售主管的职级和在企业内的实际话语权，往往高于定价经理或定价部门的负责人。因此，当定价经理必须拒绝某个销售冠军提出的特殊价格要求时，他必须承受很大的压力。这种冲突往往导致令人不安的局面，最终需要有人做出妥协。

此外，定价经理还时不时需要在工作中与财务主管进行激烈的讨论。比如财务主管坚持要求新产品的毛利率至少达到 20%，但定价经理再清楚不过，这样的零售价格会使得新产品在市场中毫无竞争力可言。到最后，定价经理还是得做出妥协。这种情况在实际中屡见不鲜。

许多定价经理在工作中步履维艰，他们从职级上来讲并不具备掌控定价流程的条件。公平地说，他们面临着期望与职级之间的不匹配。尤其是在一些组织中，首席执行官刚刚意识到定价的重要性，决定从外部聘请人员组建和领导定价团队。然而，如果这些人没有相应的专业知识和通达谙练的才能，很难推动定价工作。因此，定价与其他职能相互交织，涉及的利益相关方关系复杂，一个初来乍到的定价经理在短时间内是很难推动定价工作的。

尽管创始人或首席执行官可以为定价经理撑腰，但他们不可能一直亲自照看定价经理甚至定价总监。即使将职位名称改成诸如战略定价经理、战略定价总监，也无法改变这一现实。你看，首席执行官本身并不需要借助“战略”这个词来完成他们的工作。事实上，头衔越长，实际权力就越小。为了充分发挥定价潜力，定价职能部门需要由在高层有话语权的人来领导。越来越多的企业正朝着这个方向发展。由于定价的多面性，定价的最高指挥官不应该是首席定价官。最近我们见到越来越多的企业开始设立首席营收官或首席增长官这样的职位，定价是他们职能中的重要组成部分。我个人更认同首席增长官这一概念，因为它与定价的本质暗合——企业更好发展的希望灯塔。

6.3　新的彼岸

新的首席增长官终于走马上任，致力于铺设端到端的价值创造和定价流程。除了确保定价规则的精准设计与执行，以及负责一切与定价相关的操作性、短期性事务，首席增长官还肩负着指引公司未来长期发展的重任。首席增长官的工作范围包括：

- 分析并优先考虑未来 5 ～ 10 年的潜在增长路线。
- 从客户、创新、地域等多个维度设计未来发展的壮丽蓝图。
- 组建并领导由不同职能人员组成的增长促进小组，以拓展和渗透新市场。
- 为新业务的品牌和营销战略提供指导，使新业务与现有业务保持一致。

虽然定价并未直接出现在上述工作范围内，但它却无所不在。首席增长官就如同初创企业创始人一般肩负着重大的责任，难怪他们的愿景和职责会让人联想到初创企业创始人应有的冒险精神和开创性作为。在此背景下，以价值为基础的定价成为一种宝贵的工具，它能帮助我们探索未知的领域，寄希望于发现一片新的商业蓝海。

6.4　星辰大海

在一个阳光明媚的下午，我在微观经济学的课堂上，听着老师有关市场结构、供求关系、定价影响的讲解，还有那一系列令人费解的公式和图表。在众多概念中，有一个极为重要的概念，那就是完全竞争（Google Classroom，2023），即：

- 许多公司生产相同的产品。
- 许多买家可以购买产品，许多卖家可以出售产品。
- 买卖双方掌握所有相关信息，可做出理性的买卖决策。
- 公司可以不受任何限制地进入和退出市场。

参与完全竞争的公司被称为价格接受者，因为来自竞争公司的压力迫使它们接受市场上的现行均衡价格。在一个完全竞争的市场中，如果一家公司将其产品价格提高哪怕一分，它的所有销售额都会被竞争对手夺走，因为市场价格完全由整个市场的供求关系决定。

我一直觉得微观经济学非常美妙，它既抽象又美丽。正如法国哲学家西蒙娜·薇依（Simone Weil）所说："距离是美的灵魂。"只有通过空间或时间上的距离，现实才能得到净化（Haven，2012）。教科书中描述的完全竞争在我们的现实生活中并不存在。同样的道理也适用于另一个极端，即完全垄断市场。在完全垄断市场中，单一卖方占据主导地位。与完全竞争的公司相比，垄断者是价格制定者，尽管反垄断法不遗余力地限制垄断以保护客户。然而，极端的情况很少见，大多数公司在大多数时候都介于价格接受者和价格制定者之间。

但是，有谁会满足于仅仅成为价格接受者呢？不，每家公司都应当努力成为价格制定者。价格接受者的命运掌握在别人手中。从长远来看，完全竞争并不意味着对客户来说就是完美的，因为他们必须为公平的市场价格付出隐性的代价，那就是缺乏为创新提供资金的手段。

那些在各自领域引领潮流的公司，如苹果、谷歌、华为、英伟达和特斯拉等，都是价格制定者。它们的定价能力源于对创新的执着追求，而这种定价能力随着产品生命周期的演进会逐渐减弱，在制定价格方面享有极大自由的时间窗口非常宝贵。

现在，是时候采取行动了。苟日新，日日新，又日新。

6.5 本章小结

- 定价是最高管理层的职责，他们应保持对定价战略的持续关注和必要介入。
- 定价之旅充满挑战，大致可分为三个阶段（见图 6-1）：
  - ✓ **扬帆起航**：创始人身兼数职，其中也包括产品经理和定价经理。创始人亲自承担定价工作本身就向整个团队释放了一个明确的信号：定价是企业的一件大事。
  - ✓ **乘风破浪**：随着业务的蓬勃发展，定价也变得越来越复杂。尽管创始人或首席执行官可以为定价经理撑腰，但他们不可能一直亲自照看定价经理甚至定价总监。
  - ✓ **新的彼岸**：新的首席增长官终于走马上任，致力于铺设端到端的价值创造和定价流程。除了确保定价规则的精准设计与执行，以及负责一切与定价相关的操作性、短期性事务，首席增长官还肩负着指引公司未来长期发展的重任。
- 价格接受者的命运掌握在别人手中。从现在开始，让我们都努力成为价格制定者吧！

推荐阅读

“隐形冠军之父”赫尔曼·西蒙著作

隐形冠军：未来全球化的先锋（原书第 2 版）
ISBN：978-7-111-63479-9
定价：99.00 元
作者：[德] 赫尔曼·西蒙（Hermann Simon）[德] 杨一安

隐形冠军 2：新时代、新趋势、新策略
ISBN：978-7-111-73752-0
定价：89.00 元
作者：[德] 赫尔曼·西蒙（Hermann Simon）

全球化之旅：隐形冠军之父的传奇人生
ISBN：978-7-111-68111-3
定价：89.00 元
作者：[德] 赫尔曼·西蒙（Hermann Simon）

定价制胜：科学定价助力净利润倍增
ISBN：978-7-111-71323-4
定价：69.00 元
作者：[德] 赫尔曼·西蒙（Hermann Simon）[德] 杨一安

价格管理：理论与实践
ISBN：978-7-111-68063-5
定价：89.00 元
作者：[德] 赫尔曼·西蒙（Hermann Simon）
[德] 马丁·法斯纳赫特（Martin Fassnacht）